大展好書 好書大展

大展好書 好書大展

實用心理學講座

20

拆穿語言圈套

多湖輝／著
劉華亭／譯

大展出版社有限公司

序

前些日子，一位擔任小學校長的朋友告訴我一樁他失敗的經驗。

原來該校有位學生不繳伙食費，為了查究原因，他決定前去拜訪學生的父母。在此之前，校長一直以為學生家庭拮据，但事實令他大吃一驚，因為對方住的是豪華大廈。

校長見到學生的父親後，客氣地問道：「有關伙食費的事情……」想不到對方竟然回答：「校長先生，請別管錢的事，您應該多注意學生們的事。」這些話讓校長啞口無言，只好垂頭喪氣地告辭。

為何家長的幾句話，便讓這位受人尊敬的校長沮喪離去呢？根據我的推測，是因為家長說話的時機及一針見血地攻到人性的弱點。後來，校長也自我解嘲說道：「人都有心理上的弱點，一旦被攻破，便無以還擊。」

我對這種言語的「魔力」一向感到好奇，因為人們常在不知不覺中，被迫做自己厭惡的事，或被迫陷入不利的立場。如果能解開這些「魔力」的機關，亦卽是「言語的圈套」，不至於任由對方擺佈。非但如此，也能瞬間改變彼此的立場。

至於前述例子，對方先發制人地說：「校長先生，請別管金錢的事，只要注意孩子們的事就好。」那麼，不妨順水推舟地回答：「沒錯，我也不希望考慮金錢的事，但我正是為孩子們的事而前來拜訪。」單憑這句話，至少可避免無言以對的窘境。

這些「言語的圈套」，有如當今尖端科技，依照不同的使用方式，能產生各式各樣的結果，亦卽是善惡兼施，會形成有利與不利的結果。某高中棒球教練對一上場就渾身緊張的打擊手說：「儘管三振出局吧！」想不到這句話讓選手鬆弛緊張，往往有意想不到的打擊成果。這卽是「善加利用」言語的圈套。

十五年前，我曾撰寫「心理的詭計」，這是把人類生活中，拿來操縱他人的各種心理詭計加以詳述。但我認為，言語的詭計與人類的關係較為密切，因此，這次以「言語」為主題，詳述一般人容易陷入的言語圈套。

當然，本書是挑選日常漫不經心的言語中，詭計味道較為濃的例子來說明，並就心理學加以分析。譬如探討對方所使用的詭計，是根據哪些心理結構侵入人心，我盡力以實例來闡明。

當然，本書讀者大部分屬於「善良人士」，想必上別人當的次數多於令人上當才是。閱讀本書後，希望各位讀者不僅能確保自己的安全，免受「惡性」詭計的危害，同時能改善人際關係，這乃是筆者最大的期望。

目錄

II 是否因這些言語，而採取違背本意的行為

Ⅲ 是否受這些言語影響，而強迫接受片面的判斷

Ⅲ 是否因這類話，而被迫接受不利的立場

I

是否因此類話，而被迫接受無理要求

1 滿口「我們」的人，

無非想利用同類親和的心理，製造雙方特殊關係。

當年輕的男職員，企圖對貌美的女同事展開追求攻勢時，不妨說：「我們點的菜怎麼還不上桌？可能是把我們遺忘了吧！」

當我們洗耳恭聽政治家的演說時，對他們的一言一語都會信以爲眞。有人斷言地批評說：「政治家皆具詭辯的天才。」的確，他們都是伶牙俐齒，觀衆在不知不覺間被其吸引，像墨索里尼與希特勒這一類獨裁者，更是能言善道，煽動聽衆，造成彼此一體感的情勢，他們慣用的措辭不外乎「我們是……」，由於接二連三地套用「我們」或「咱們」，使得在場聽衆的同類（同族）意識油然提高，彷彿自己是「命運共同體」的一員。

世界各國的政治家都是一樣，只要一有機會，便是滿口的「我們」或「咱們」，對於他們的一體認同，我們只能看做是從政多年領悟出的一招半式吧！

任何人皆具有自我。政治家在演說中，如果一味反覆地強調「我……如何」、「我……怎樣」，會令人有被迫接受的感覺，因而厭惡排斥。當然聽衆也會築起「自我的圍牆」，拒絕接受對方。反之，政治家若口口聲聲都是「我們」，不僅表示他排除了自我，且能觸發對集團的歸屬意識。此時，即使聽衆厭惡被迫接受，但在對方不斷施展「我們」的魔力下，也會接受了。

這一套在談情說愛方面也經常被派上用場。女性向來對「群體」具有強烈的歸屬意識，不論是女學生，或是女職員，總是喜歡結伴行動，這卽是最好的證明。至於女性強烈的結婚願望，不也是表示想與丈夫「成對」的意識。又，對情人裝的鍾愛或在花前月下的相偎依都足以證明溶爲一體的渴望。

掌握女性此種心理的言語，卽是「我們」。約會中，不說「我和妳」而刻意使用「我們」或「咱們」的男士，對女性的心理可說是瞭如指掌。在羅曼蒂克的咖啡廳，如果男士握著女性的手說：「期待我們的將來」或「希望我們永遠幸福」。相信這類情話，很容易就能打動女性的心。如果雙方是知交，倒也無傷大雅，但初次見面，在交談中就反覆地使用第一人稱複數，此人企圖不告自知。

2 詢問對方「第三者意見」，可套出他不願為人知的意見

當主持人想套出電視演員的眞心話時，不妨說：「一般週刊雜誌認爲演員沒有隱私權，但您的暱友○○先生對於這一點有何高見？」

電視記者的採訪技巧十分高明。譬如有個女子殺死他的同居男子，趕到現場的記者，尤其是資深的記者，在向現場附近的鄰居追問當事人平日感情如何時，絕不會徵求個人的意見。

他會以一般性的意見，詢問對方：「鄰居對兇嫌評語如何？」這比單刀直入地問對方：「你認爲如何？」要來得恰當，因爲對方可能顧慮到鄰居而保留自己的意見。但談談「鄰居」——第三者的意見，卽使對方是守口如瓶的人，也會滔滔不絕地侃侃而談。當然所謂「鄰

居的評語」，很可能卽是他本人的意見。

生性率直的外國人，如果你直截了當地問他：「你對日本看法如何？」十之八九得不到眞心的回答，頂多是「一個美麗的國家，人民勤快、客氣，我很喜歡」——這一類敷衍性的答案。但如果換個方式問：「貴國人民對日本評語如何？」對方發表只是第三者的意見，而能以輕鬆的心情大發議論：「由於汽車或電器產品受到廉價的日貨所壓迫，因此，業者對日本似乎沒有多大好感。」就這樣地套出對方本人的意見。如同此類，藉第三者的意見來誘導對方道出自己心中的話，是在言語技巧中，廣爲人知的手法。

由於以第三者的立場來陳詞，所以可以把責任轉嫁於第三者，如此一來，對方便趁機自我表白一番。因此，當有人假裝聽取第三者的意見時，無非是想引誘對方道出眞心話，有時不小心自投羅網，就要吃點苦頭。譬如經理問及：「你們課裏的女職員似乎對主任的評語不佳，到底哪些地方不好，能否把她們的意見告訴我？」這時候，也許說些無關痛癢的回答較爲保險。

3利用「同情語」的「開頭效果」，

使對方無法拒絕接踵而至的要求

不希望陪上司加班的職員，不妨說：「主管，這麼晚了，您眞辛苦，要不要我陪您？還是我先失陪了？」

在我剛從事寫作生涯的年輕時代，有一回，所撰寫的記事因未經修正而逕自刋出，造成重大過錯。顯然地，那是編輯上的疏忽，並非我的原稿有誤。當時，總編立刻上門道歉說：「眞抱歉，爲了維護您的聲譽，是否全部回收？」

我沒想到對方如此周全，頓時心中的憤怒一掃而光。心想：「何必做那麼絕？」總編似乎看穿我的心事，不久，惶恐地說：「也許刋載訂正啓事，可取得諒解。」我却在不知不覺中，向對方點頭表示贊同。

回顧當初，對方一開始便表現出意料之外的客氣。他的「開頭效果」，使我產生「何必做得這麼絕」的心理，因而建立了容納的心理架構，即使對方提出的是最平常的解決方案，我也只好接納。

關於利用人的心理而善加言語圈套的一個故事，發生在二次大戰期間，某家百貨公司讓店員詢問大筆採購的客戶：「是替您把東西送到府上？還是由您自己帶回？」就是這麼兩句話，便使送貨的工作量減低七〇%。

故意以主動幫忙的言語來擺脫不易回絕的工作，或假裝站在對方立場來讓對方配合自己方便的這種「同情語」之「開頭效果」愈大，愈容易達到目的。但如果言語的次序相反，其結果又會如何呢？

若是總編當時說：「刊載訂正啓事好嗎？還是要全部回收？」這一來，很可能因對方建立起「反對接納對方意見」的心理架構，而無法達成預期效果。因此，不願意陪上司加班的狡猾職員，在面對心地善良的主管，拋下一句：「主管，這麼晚了，您眞辛苦，要不要我幫忙，還是我先告失陪？」主管被開頭的同情語弄得招架無力，心想：「好可愛的傢伙，今天時間已不早了，算了！」而讓這個狡猾者目的得逞。

4 與對方擁有共同的秘密，以造成親近感而企圖操縱對方

政治家不希望有不利於己的報導，不妨說：「不瞞你說，這是禁止刊載的消息。」

在一次早稻田大學畢業的國會議員聚會中，為了要讓竹下當首相，這些議員以超黨派立場，團結一致。由此看來，這些伙伴似乎具有「吃同一鍋飯」的一體性。又每一年，畢業於同一所舊制高等學校的財經界大亨，皆歡欣鼓舞地盼望一年一次文化祭的來臨。這也是出自相同的心情，追根究底，此種心情源於共有相同體驗的伙伴意識與共有意識。

政界便是常常利用這種共有意識。譬如：某政界大人物召集政治記者並透露內閣會議提出的議案。最後還附帶一句：「不瞞你說，這是禁止刊登的消息。」如此三番兩次地，這位

記者便對政界大人物擁有一種共同意識，無形中也就不會發表對該政治家不利的言論。換言之，就在兩人享有共同秘密後，而掉入對方的圈套中。

一般而言，這種技倆常套用「這句話只便於在這裏說」的模式中。記得童年，有個夜晚跑到老師那兒玩，碰巧老師正在進餐，他一見到我，便說：「啊！你來了，快上來！」就這樣，我被邀一同進餐。不久，老師搬出一瓶酒來讓我嚐嚐，並囑咐我不要告訴任何人，由於此事，我特別尊重這位老師，覺得其爲人十分親切。這可能是由於與老師共同體驗對兒童是屬犯罪時飲酒行爲，而產生共同體驗的伙伴意識吧！

想要攏絡敵人，也需要採用此種手法。譬如：召見平日對自己有反感的部下，告訴他：「坦白說，此事還在檢討中，但我想先聽聽你的意見。」拿公家機密與部下磋商是一大榮幸。當然這裏所謂機密，根本就是不怕洩露的內容，但這種行爲會收到意想不到的效果，讓屬下因而產生共有意識，主動替對方守密。由於此意識的萌生，讓他對洩露機密給自己的這位上司自然地服從。

當然，這種「服從」是上司事先安排的圈套，眞正的「秘密」，是不任意透露給他人的。如果有人經常在你的耳邊說：「只能對你說」或「只能在此說」等類的言語，你可得留神了，因爲對方是企圖在引發你的共有意識。

5 故意強調偶然的人，

無非是想利用命運式的邂逅，解除對方的戒心

覬覦孤獨老人財產的人，會說：「眞沒想到您的人生與家母一樣坎坷，雖是偶然邂逅，但我不能把你視爲外人。」

以老人爲投資對象的技倆，曾一度受到社會嚴厲的抨擊，在諸多手法中，特別値得注意的是勸誘者接近老人的方法。首先，他們若無其事地加入醫院候客室的老人聚會行列，在聊天過程中，勸誘者偶然提起其父母曾與對方有過完全相同的際遇。譬如，勸誘者會說：「我覺得您的命運像我已故的父母。」這麼說，老人會覺得勸誘者比很少來探望自己的親生兒子更可愛，從此相信勸誘者，而導致一貧如洗。

原本生活寬裕而且做事謹愼的老人，如何會被一位來路不明的青年所欺騙呢？不容忽視

地，即是青年引出的父母與自己有相同際遇中的「偶然」之重疊。所謂偶然的一致，是指突發性的一致與命運式的邂逅，並非是預謀或企圖。因此，喜歡強調偶然一致的人，會消除對方的警戒心，獲得對方的信任。

人往往禁不起「偶然」的考驗，我曾有過此種經驗。那是在某家書店舉辦的作者簽名會上，我當時坐在上面鋪有白布且井井有條地排列書籍的一張桌子前，但顧客們並沒有走近，只是遠遠地圍觀。這是由於過分重視排場，使客人有疏離感而難以親近。

於是，我把桌子挪到通道上，同時，把我的書與其他書重新自然地排列，並且藉著書店廣播告訴顧客：「今日欣逢○○先生偶然蒞臨此地，讀者們可請先生簽名，敬請各位顧客把握良機。」想不到效果立現，一些選書的顧客，在離開前順道經過我的桌前要求簽名。

這種「偶然」或「碰巧」所帶來的自然感，會解除人的警戒心，如同前述例子一般，讓一些不法之徒得以利用。

如果遇到善於強調「偶然」或「碰巧」的人，需要持懷疑態度，謹防是否利用的圈套。

6 將第三者做為共同敵人而加以批判者，其實主要目的是在批判我方

企圖擴大自己派系的政治家，會說：「A派企圖瓦解你我的派系，讓我們共同來對抗他們，如何？」

某作家在其著作「男人的作風」中，透露自己曾經爲了讓婆媳之間和睦相處，而故意苛待母親與妻子。婆媳之間卽使沒有任何仇恨，也總是彆扭地相處。世上的老公們，想「公平對待」，是很難圓滿達成。也因此，該作家奮勇地擔任「惡人角色」，以疾言遽色對待兩位女人，婆媳果眞中其圈套，聯合一線地互相袒護。

這卽是作家獨特的瀟洒作風，事實上，也是合乎心理法則的手段。一般而言，人類會因共有的特殊體驗或強烈的體驗，而使彼此間突然變得親密。如在山谷內突然受雷雨侵襲的登

山男女，會在山間小屋裏毫無忌諱地互訴衷曲，這卽是由於此種心理法則而造成的結果。

如果以「共同的敵人」來取代共同的體驗，其結果一致。當雙方面對共同的敵人時，會沖淡彼此間原有的敵意，卽使雙方原來水火不容，也會因彼此的需要而變得親密。前述作家由自己扮演共同的敵人，以換取家庭的和樂，但有些人却以此手段讓人中計。

譬如：想在公司內建立自己派系的人，不妨接近與自己同樣反對另一派系的人，並且告訴他：「坦白說，我也與那位總經理合不來。」如此而加以挑撥離間，這卽是強調共同敵人，來爭取可讓自己任意擺佈的伙伴。如果認不清這一點，一味地與對方抨擊敵人，被對方抓住自己的弱點，因而受制於對方。萬一，對方是總經理的臥底，那你可能因而被炒魷魚，所以不能掉以輕心。

一般政黨或政治家，對此手段可說是運用得出神入化，比如：保守的議員主動接近並提醒平日敵對的革新派議員說：「如果讓他當選爲下一屆的市長，那麼咱們可就慘了！」如此而讓對方來支持自己所推選的市長。

強調共同敵人，其企圖無非想解除我方的戒心，使我方鬆懈而讓自己得逞。

7利用部分的一致點錯覺為全面性，以建立伙伴意識

企圖巴結新顧客的業務員，說：「經理也是B地人嗎？內人也是B地人，那裏是個好地方，請問是B地那裏呢？」

常聽人家說：「性格或生長環境差異愈大的人，愈能相處融洽。」但事實上，觀察那些和睦相處的人，必定能發現他們有某些共同點。在我的學生中，也有屬於完全不同類型的人而和睦相處，但仔細分析，他們在音樂或體育方面，有其共同的嗜好。

反過來想，如果事先了解共同的部分，可促進對方建立良好的關係，這和業務員藉太太和顧客相同省籍來討好新顧客的情形相同。此外，部下希望獲得上司的提拔，在探聽經理愛打高爾夫球後不妨順水推舟地說：「打高爾夫球令人心曠神怡，我對高爾夫球也極有興趣。

」如此表示自己對高爾夫球的狂熱。經由部下再三反覆地陳述過程中，這位經理的心中，油然地產生「○○人也愛打高爾夫球」的一種連帶感心理。

懂得以此種方法應對的人，經常會遇到下列場面，比如：原本是一場不投機的對話，突然，有一方弓著身子向前說：「老實說，我也一直在想這件事。」輕輕一句話就可打破僵局。當對方一再強調一致點來建立「想法相同」之連帶意識後，卽使對方是你恨之入骨的人，也會讓你錯覺他是你的伙伴。

在商場上，有人以對方家鄉來打開話匣子。但仔細一聽，卽只不過是他旅途中的一個休息站而已，但却憑著平日聽來的知識說：「那是個好地方。」這種以話來附和對方的人，無非是想給對方留下良好印象的一種詭術。

8 強調親密關係，以激起同胞意識而解除戒心

拉保險的業務員，爲了得到顧客，會說：「對了，令尊好嗎？年事已高了吧？」

下面爲各位介紹一段有名的故事，昭和初期，日本政壇名人田中義一在前往北海道進行政治遊說時，有位身穿家紋禮服，看來像是當地知名人士的男子走出歡迎行列向他寒暄。

田中義一立即走近男子，熱情地說道：「啊！辛苦您了，令尊還好嗎？」如此給予鼓勵。那位男子因此感到受寵若驚而幾乎哭了。田中義一的隨從對於主人這般親密的舉動，忍不住問道：「那人是誰？」但田中義一的回答卻出人意料之外。「我怎麼知道，但誰都有父親吧！」

「令尊好嗎？」這並不是只有政治家才採用的手法。在企業界，想早日掌握人心的上司，在公司走廊上遇到職員，親切地問道：「夫人好嗎？你經常加班，想必夫人也很辛苦吧！」一些郊區錄製的現場節目中，經常會見到主持人對觀衆說：「老太太，您的孫子今年多大了？」這也是屬於相同的言語詭計。這位被訪問的老太太會立卽解除戒心，露出滿臉的笑容。據說，這是傳播界人士不可或缺的一門會話技巧。

為何「令尊好嗎」這句話被頻繁地使用呢？其實，當對方把自己最珍惜的人做為話題時，不僅自己立卽解除戒心，且開始與對方建立親密關係，這卽是「同胞意識」的產生。

推銷員也會巧用此種心理來接近客戶。換言之，他們會從對方口中推敲首先要提及何人來讓對方感動，繼而引導對方步入自己的圈套。根據一些受害者的自白，他們是在「我是你先生的同班同學」、「我們小時候是住在隔壁村莊」等一類令人懷念的話題下走入「甕」中。甚至，有的人會利用對方熟人的名片來爭取對方的信任，這也是屬於同一種圈套。因此，當對方為巴結或爭取信任，將你熟識的人引入話題，意圖以「同胞意識」達到目的時，你可得留意了，反之，這也是你的一種戰術。

9將對方名字掛在嘴上者，是利用對方之虛榮心理，使之錯覺彼此的親密關係

想引誘對方出錢投資的騙子，可能會說：「王先生，這完全符合您王先生的財富計劃，也可以發揮王先生您的專長……」

與外僑交談時，會發現他們在談話中時常出現對方的名號，這是文化上的差異。因爲歐美人士來自各種不同民族，不像我國是單一民族，因此，他們爲促進彼此間的了解，想盡辦法加深印象。

目前國人在會話中頻頻出現對方名字的情形，大有增加趨勢，其目的何在呢？如果細心旁聽，會發現這種反覆稱呼對方名字的手法，具有催眠與暗示的效果。換言之，當自己的名字被對方反覆稱呼時，會油然排除過去的芥蒂與距離，而產生錯覺，與對方急速地建立親密

關係。

企圖引誘對方投資資金的人，會巧妙地利用此種手法，反覆地把對方名字掛在嘴上，誇張地說，幾乎每句話都包含對方的名字。譬如：「王先生，請問王先生，您家中採用何種財產計畫？到了王先生這種地位，應該採用適於王先生，且能讓王先生的夫人滿足的方式，如何呢？王先生，眞想找個機會，與王先生好好談談……」被對方反覆稱呼自己姓名的人，心中逐漸快活，最後任由對方擺佈。

不使用代名詞而直接稱呼名號，雖說是一種詭計，但效果積極有利。新力牌創始人井深大氏，破斧沉舟地廢止使用經理、課長一類的頭銜，而讓全體職員彼此稱名道姓。新力公司後來能急遽成長爲家電業界的拓荒者，這種「革命性的稱呼」是不容忽視的一大原動力。彼此間稱名道姓，不但能促進人際關係，且增進個人彼此間的接觸機會，創造出新的活力。

10 利用第三者的說詞，使對方相信言不由衷的恭維

企圖晉升為副課長的屬下，可能會對上司獻媚道：「營業部第三課的歐小姐說，部長您非但能幹，人也長得英俊瀟灑，對您讚不絕口。」

平時難得一見的董事長，如果對你說：「聽說你工作認眞，我對你期望很大。」相信任何職員都會受寵若驚。但如果是天天見面的課長對你讚美說：「你的領帶樣式極為高雅。」只怕你提心吊膽認為課長另有居心，無法工作。

事實上，擅長讚美術的人，很少直接稱讚對方。有個名演員，在參加演員心理測驗時，主考官告訴她：「妳缺乏集中力，集中力不夠的人，很難成為好演員，妳不如趁早改行吧！」這句話如晴空霹靂地打擊她的心。這時，有個女士却激勵她說：「這是什麼話！你們常去

藉由第三者來誇獎，是言不由衷的恭維。

惠顧的那家漢堡店店員說，這一期新人中，妳最有希望成為明星。」這句話又立即使她從震撼中復甦。

據我的猜測，所謂這段店員的話，可能是那位女士自編的，這是為了激勵新人所採用的權宜之計。因為，聰明人都知道若以自己的立場來鼓勵一位受挫者，相信效果必不彰，但如果以第三者的讚美，卻可得到意想不到的效果。

其實法院的審判情況也相同，第三者的證詞總比本人作證更具效力，在讚美辭中，第三者的讚美同樣奏效。當然，引用第三者的讚美詞，未必皆出於善意，有人會以第三者的話取得對方的採信，企圖籠絡對方。

11以「原來如此」附和對方，以使自己的想法得逞

傾聽屬下提出不滿的課長說：「嗯！嗯！原來如此，但你所說的話，是否任性了一點，所謂公司是……」

一般食品或電氣製品的廠商，都設部門專門處理對產品不滿的消費者。據說，處理這種事件，首先要去承認對方的抗議，但這並不表示承認自己公司產品的缺點，只是以「原來如此」、「您說得很對」等話來附和對方的怒氣平息些，趁機說道：「您說得沒錯，但是……」接著提出自己的意見。

這種會話方式，一般被稱爲是「應酬式的會話」。在推銷手册上，幾乎皆有記載。當對方以「原來如此」、「的確沒錯」的話來附和自己的主張或態度時，便會發現自己受到正當

的評價，因而不由自主地相信對方，萌生「容忍」對方的想法。推銷員在接受訓練時，指導人員會告訴他們，若是遇到客戶頑劣地拒絕時，首先要表示全面性的同意，然後設法進行推銷，這卽是此種心理的應用。

善於管敎子女的母親，往往無形中也運用了此種技巧。有時，孩子會辯駁道：「但是……」，試著要把自己的行動正當化，這時，母親首先要說：「原來如此。」以此來承認孩子的想法，接著敎誨道：「但是這樣的行爲欠妥。」如此可使自己的意見被孩子接納。

美國某心理學家曾經對死刑制度反感的學生做過如下的試驗，他從頭到尾只是反覆地回答「好！好」，最後却改變了學生的意見。當自己的意見一連串地受到肯定時，會使人對不同的議論採取寬厚的態度，甚至想要容忍。依此看來，對於不斷以「嗯嗯！」、「的確沒錯」、「您說得很對」等言語附和之人，應該加以防範，以免上當。因爲這種人往往心懷鬼胎，企圖解除我方的戒心，最後讓自己的意見得逞。如果被肯定的附和語所誘騙而談個不停，說不定在自己覺悟時，已被迫接受違背本意的想法。

12 假裝對他人做

深入觀察以博取歡心

企圖對豪放磊落的董事長表示好印象的顧客，可能會說：「董事長在乍見之下好像很豪邁，其實您是個細心的人，是嗎？」

我有個名攝影師的朋友，他專門替女性模特兒拍照。我曾經問過他，要如何才能把女性照片拍得更美。他說，最重要是消除模特兒緊張感。並建立模特兒對攝影師的信賴感。爲了達到目的，在攝影之前，他會先幽默一番讓對方開懷，藉此機會也可觀察對方的表情與動作，爲的是要捕捉更美的表情與角度，這卽是他獨特的「人心招攬術」。

這位攝影朋友，細微地觀察模特兒後，會說：「聽說妳很新潮，但想不到妳也有保守的一面。」「妳比我想像中更明朗、健談。」他的這些說詞，不外乎強調與對方外表相反的事或與外界渲染的反形象。

據說，聽到這些話後，對方馬上解除隔閡開始談論自己的身世與目前的男友等私事。這麼一來，攝影作業更能順利進行。

這種作法，十分合乎人類的心理法則。任何人被指出與外貌全然不同的形象時，往往過分信賴對方，這是因爲佩服對方對自己做如此精闢的觀察，繼而產生尊敬與信賴感，那些婚姻騙子，即是巧妙運用此種人類心理。

有位騙過六名女子的男人，便是施展此種技巧讓女人上當。換言之，精通人性的這位騙子，可以毫不費力地取得六名女性的信賴。

相信有不少推銷員曾對您說過：「您乍見之下十分豪爽，其實您是個細心的人，到底會出人頭地的人就是不一樣。」當你發現這種言語詭計時，已被強迫購買價格昂貴的商品。想不到此種恭維，足以讓人萌生奇特的「信賴」，眞是威力十足。

13 承認部分的不安，可使之擴大而忽視別的不安

當上司想安慰被遠調非洲小國的職員時，可能會說：「也許習慣上的不同，你會比較辛苦，但是做起來會比想像中來的容易。」

有個考生打算參加四所學校的考試，但由於一個落榜，使他對其他三個考試心灰意懶。他認爲，反正其他學校也一樣考不上，還是不考算了。坦白地說，第一所學校較難考，因此，他的落榜是情有可原。以他的程度，想考上其他三所學校並不難。現在，他拒絕應試，是因爲第一次落榜的不利因素，遮蓋了其他三個有利因素，使其終止行動。

如同前例一般，第一次的失敗，往往也否定其他的可能性，這卽是人類的心理被不安的情緒所支配。這時，卽使給他安慰或鼓勵，也於事無補。

唯一有效的方法，卽是告訴他：「第二所學校也相當難考，但最後兩所學校的勝算很大。」換言之，先去承認部分的不安。這麼做，有時會使對方把原本「全部無望」的全面不安轉爲有利的情況。這便是承認部分的不安，來消除全面不安的言語圈套。

當上司遇到不肯調到外縣市工作的屬下時，首先絕口不提調職的好處，反而告訴屬下說：「也許調職後，你的情況更艱難，但事實上……」先積極承認部下所感到的部分不安，但不可接二連三給他打擊。最後你會發現部下心理起了變化，逐漸想到「雖然處境較爲艱難，但另一方面……」由屬下主動尋覓其他有利的因素，樂觀地想：「這只是暫時調職，等下次調回時可能會升級，況且南部環境比較好，對身體反而有益。」這卽是心理學上所謂「對比效果」，這種手法巧妙地被利用，有助於人事的調動。

當對方強調不利的一面時，我們會主動找尋有利的一面；反之，當對方強調有利的一面時，我們會主動搜尋不利的一面。在任何情況下，消除不安，總是令人高興的事。但先要認清佈施不安者是出於善意或別有居心。

14 暴露自己的弱點，使對方建立優越感以解除戒心

當太太對女人打來的電話正滿腹疑雲時，丈夫不妨說：「玫瑰餐廳的老板有要事，希望我能去一趟。」

人心實在是很矛盾，刻意去隱藏一件事，反而容易引起對方的猜疑。當平日常去惠顧的酒店女老板半夜來電，太太一定會責問：「那女人是誰？」做先生的要如何回答呢？如果結結巴巴地回答：「不，只是有點事情！」必然會使太座火冒三丈，甚至鬧著要回娘家。

此時不妨利用前述手法，乾脆承認太太的疑念，這可使太太的心情舒坦些。面對此種情況，所要採用的戰術，便是暴露自己的弱點。

這種心理詭計，可運用在很多機會裏。譬如愛拈花惹草的花花公子，可能會對女人說：

「我既沒有錢財，也沒有地位，請相信我對妳的一片眞情……」這卽是暴露自己無錢無勢的弱點，來強調自己的誠意。這種坦率的自我表白，很容易動搖人心。這比對女人說「我愛妳」更能獲得青睞，因爲他是個誠實的男人。當然，此種心理結構，亦可利用於工作崗位上。例如：爲了取得潛在顧客的信任，業務員可能會說：「我是〇〇地方來的鄉巴佬……」特別強調自己的弱點來解除對方的戒心。

被譽爲美國商業鉅子的C・N・哈頓，也曾提到在談生意時，儘快讓對方說出「不」。任何人都有否定對方的心理，因此，若一開始便讓對方道出「不」字，以後談生意將會通行無阻。此種技巧，和提出對自己不利的條件來讓對方消除戒心有異曲同工之妙。

企圖在一開始便讓對方道出「不」的人，無非想獲得對方的信賴。

15 不斷重覆對方話語，

企圖在最後導入自己的意見

當一位男士想說服不輕言結婚的女性時，他可能會說：「如妳剛才所說的，我也極關心女性的自立，但結了婚，也許更有助於自立。」

有次，一位素昧平生的女子，約我的一個學生於某咖啡廳見面。經過一陣子的交談，才發現對方原來是推銷英文會話錄音帶。雖然他想中途離去，但對方接話的技巧，令他招架無力。

我的學生告訴她：「我想到補習班去學英文。」當他想以此話拒絕時，對方立即回答：「不錯，正如您所說一般，在補習班學效果更佳，但這套教學錄音帶，正是採用補習班的教學方式。」學生又反駁道：「價錢太高了。」對方又答：「不錯，正如您所說的，價錢是高了些，但爲了發揮與補習班同樣的教學效果，我們花了相當多的苦心。由於這是昂貴的產品，因此可採用分期付款購買方式，我們有良好的售後服務，保證讓您滿意。」對方反覆地附和該學生的言語，讓其非買不可。

這對話的特色，卽是在於女推銷員反覆接下對方的話，再巧妙地道出自己的主張。客戶方面，由於自己的話被對方接下，認爲自己受到肯定與接納，而中了圈套。

若面臨的是不肯輕易論及婚嫁的自立女性，這時，聰明的男士可能會說：「如妳所說，我也極關心女性的自立，但我認爲結婚反而對女性自立有所幫助，也許透過婚姻生活來探討女性的自立，才是不落俗套的奇特女子。」如此反覆女性的主張，再慢慢導入自己的意見，則很容易讓女性喪失抗拒心理，最後被迫承認男士的想法是正確的。

反之，如果一開始卽說：「我反對這種想法。」這反而讓對方感到緊張，積極尋找新的理由來保護自己。所以，當對方對您的意見坦然地提出反駁時，倒是容易應付；麻煩的是，對方不肯正面反對，反而順從地一再附和，遇到這種情況，不得不懷疑對方想以我方的想法爲擋箭牌，企圖強迫我方去接受他的意見。

16 先以溫言軟語讚美對方，使其敞開心扉，易於接受要求或指責

批評女歌手的評審委員，可能會說：「妳唱得很賣力，也很自然，顯得十分活潑。不過，妳似乎不適合走這一行。」

某家人才派遣公司，曾遇到令其頭痛的事情。原來公司派遣一位女性到顧客的公司任職，却總是無法按時下班。依照規定，這些被派遣的女職員乃是按時計酬，她們有固定的上下班時間，但該顧客公司總以各種藉口，讓這些女職員無條件爲其加班。

這些按時計酬的女職員，怎會輕易地免費爲人加班呢？經過調查，發現該公司的負責主管是個相當厲害的角色。他善於恭維女職員，使她們不知不覺地任其役使。這位主管首先對她們當日的工作表現稱讚一番，然後說：「由於超出預算，無法付太多的酬勞，能否再給予

一些幫忙？」這些女職員因爲受到了恭維，個個心花怒放，認爲只要時間不長，倒是可以接受其要求。

有位年輕導演，在重拍鏡頭時，一定會先稱讚所有的工作人員：「嗯！好極了，現在我們來個稍微誇張的演出。」經他這麼一說，沒有人會表示抗議，自然地就接受導演的指示。因此，以溫言軟語來稱讚他人，會讓對方產生接納的態度，因而順從自己的意見與要求。這位年輕導演，即是採用這套人類心理來達到演技效果。

在指責員工時，如果直截了當地說：「你這麼做不行。」很容易引起反感，這樣一來，會減低員工士氣。若首先說道：「你最近的工作表現良好，我一直在注意你。」繼而指責道：「但關於那件事……」利用此種口吻來斥責的話，不至於使員工怒氣沖天，反而會謙虛地接受您的忠告。

有時候，對方的讚美不是出於本意，只不過是想緩和接著而來的苛刻言詞，我們可以「巧言令色鮮矣仁」這句話來形容。不要因爲對方的讚美而失去戒心，反而要去掌握對方到底有幾分的眞心。

17 以眼前的利益隱藏接踵而來的虧損

設法讓學生利用暑假用功讀書的老師，可能會說：「明天開始放暑假，我一概不出作業，讓你們盡情地玩樂。」

有一種生意，專門選擇車站前或黃金地帶進行各種產品的拍賣。這些生意人會打著「日用品只有超級市場半價」的口號來吸引顧客，這卽是利用巧妙言語來推銷棉被或健康器材等高價產品。雖然消費者視其爲不法的生意手腕，但却有不少人仍然上這個大當。

他們在展示會場上，依序將商品放在台上拍賣，讓客人一一地買走。事實上，顧客們在一開始並沒有要購買昂貴產品的欲望，但最後總是不知不覺地買走。這可能是由於一開始便拍賣超特價產品所帶來的成果吧！

顧客們在不知不覺中紛紛掏腰包搶購。直到顧客情緒高昂時，對方會趁機展示當日主要高級產品，例如拍賣一些來路不明的高價商品，結果客人們在失去冷靜的情況下，會毫不遲疑地採購。其實，人都有貪小便宜的心理，認爲「現在買比較便宜」，無形中，使一個人的價值觀變得麻痺。

像這類極端的商業行爲，在日常生活的會話中，也經常被利用。比如：某營業課長想提高下個月的業績，這時，他可能會召集部下說：「這個月大家辛苦了，明天起，放你們三天假，讓大家輕鬆一下，但下個月，希望各位同仁能賣力地工作。」被課長這麼一說，部下們不得不發奮圖強。因爲卽使課長對下個月業績有所嚴格要求，屬下們心裏仍想：「旣然已讓我們輕鬆了三天，課長要我們努力工作也是理所當然。」

任何人都具有想保持得失平衡的潛在意識，因此，當對方一開始卽提出有利的話時，你會對其後面不利的話寬容，而意外地輕易接受對方的要求，因爲你認爲已經得到了便宜，對稍微的損失也不加以計較。所以，當有人提出有利的話時，最好提防隱藏於背後的不利要求。

18 以身邊事做為話題，產生立場相同的錯覺，再抓住對方弱點

想從對方公司課長那兒得到訂單的商人，可能會說：「○○先生的公子是嗎？他今年多大了？啊！中學二年級，和小犬一樣。」

有位朋友曾對我提到，他總是懷疑稅捐處人員幾乎都是心理學的權威。即使我們不做非法行為，但只要他們一出現，就令人心驚膽戰。但這些稅捐人員爲了排解對方緊張的情緒，不會一開始卽提出稅金的話題。

「我是走路來的，這兒離火車站還頗有段距離呢！」「職業棒賽終於開幕了，董事長比較欣賞哪個球隊呢？」往沙發一坐後，稅捐人員也會花二、三十分鐘來閒話家常，直到對方情緒鬆懈時，才開始步入正題，「那麼，請您把帳簿讓我過目一下！」

以身邊的話題進行會話，是想刺探他人的弱點。

有位資深的稅捐稽查人員，會以高爾夫球的得分爲開場白而揭露一件漏稅案。不論對方是新交或舊識，甚至是冷顏的稅捐處人員，只要彼此談到身邊的話題，自然會讓人對其產生親近感，而在不知不覺中失去了戒心。如果是洩露無關緊要的事，或許能得到通融；若萬一不小心洩露隱匿的財產，而對方又是個鐵面無私的稽查人員，這時也不可能法外施恩。

一個人平時雖然堅守自己的私人領域，但對於自己感到親近的人，總會消除戒心，排除一切隱私。因此，對於關係不甚親密的人，蓄意詢問身邊的瑣事，比如問及有關家人或私事時，應提防對方是否要窺視我方私生活的領域。

19 指出缺點，

可讓對方以為是一片赤誠

相親時，希望給女方帶來好印象的男子，可能會說：「妳長得如花似玉，但唯一的缺點，就是妳過分在意別人對妳的觀感。」

彼特・猛是一位善於言辭而受人歡迎的演藝人員。他常在對話中巧妙地消遣對方，被譽爲諷刺家。凡是參加其節目的演藝人員或來賓，常被他批評得一文不值，但由於他光明磊落與毫不做作的言談，使這些被刮損的人也不會因此而翻臉。非但如此，對方反而鬆弛緊張的情緒，使節目更融洽地進行。

這樣的成果，一者由於彼特・猛製造有利的氣氛與形象，再者，這些被對方犀利揭露自己弱點的人，會以爲對方是一片赤誠而信賴他。俗語說：「不打不相識。」彼此關係愈親密的人，愈會以尖酸苛薄的言語相對，甚至展開激烈的辯論，最後言明「絕交」。但到了次日，一見面又是「嗨」而彼此拍對方的肩膀，言歸於好。若彼此間只是泛泛之交，屬於應酬式的關係，則不至於時常爭吵，彼此間的人際關係會自然消失。

也有人利用此種人類心理結構，企圖顯露自己的一片赤誠。例如商場上的人，爲了進一步親近而巴結對方，便會利用這一套人類心理。換言之，他們不會去提到彼此間的弱點，始終停留在無關緊要的刺探。

若以拳擊做爲譬喻，好比彼此先以輕度的刺拳相向，最後，忽然來個犀利的直拳。亦卽是說，忽然提出平時無人會批評自己在性格或工作上的弱點，來讓對方以爲你對他別無用心。當一個男人希望讓相親的對象對自己有所好感時，與其說出心口不一的恭維話，倒不如直截了當提出對方的弱點來得更具效果。

這種手法會令對方受到新鮮的震撼，以爲敢肆無忌憚揭發自己的弱點的人，乃是對自己一片赤誠，因此無條件地信賴對方。

20 哀兵戰術，獲取同情，以使對方接受自己的要求

因學分不滿而畢不了業的學生，可能會說：「老師，我求求您，我們母子相依為命，家裏唯一指望的就是我的畢業。」

「我的老婆與七個小孩正挨餓地等我囘去，求求您幫個忙，買一個，老板……」這種「哭賣」手段是衆人皆知的。心腸軟的人，當對方向你下跪或哭訴時，往往同情他而說道：「請別這樣。」馬上接受對方的要求，相信不少讀者都有過此種經驗。

政治家更是善用這套技倆，下面是一段人盡皆知的故事，是有關於中曾根首相與田中前首相的會談。有一次，兩人為了政治倫理問題彼此會談，當時，田中前首相含淚傾訴道：「孫子告訴我：『為了怕同學說壞話，我不敢去上學。』這是我最難過的事。」想不到中曾根

企圖強迫對方接受自己的意見時，常使用哀求的語氣。

首相聽到這話，竟然淚水奪眶而出。

這件事，新聞界曾大事報導，事實上，一國的首相也會禁不起哀求的哭訴。後來，雖然中曾根首相發言說自己已貫徹了政治倫理，但外界人士議論紛云：「必定是受對方的眼淚所矇騙。」當時，有人爲這件事做深入的調查，指出田中前首相利用眼淚，企圖讓對方接受自己的意見。

利用人心的弱點，強迫對方接受自己的要求，這種例子很多。當對方以哀求的口吻向你傾訴時，往往會讓你把不合理的事加以正當化。因此，當對方企圖爭取你的同情時，要提防其背後存有狡猾的算計。

21 以全體成員為對象提出警告時，用意是使特定對象模糊以達警告目的

當教務主任想警告資深的教師不要遲到時，可能會說：「最近遲到的人數似乎直線上升，爲了顧及家長的意見，請各位老師多多合作。」

回憶中學時代，班上有個同學經常挨老師的罵。由於是血氣方剛的年齡，所以同學開始爲此事起鬨，弄得一片不寧。這場騷動並沒有主謀，只不過是隨氣氛而蘊釀。後來，老師一進教室，便斥責特定的同學。事實上，我們都知道不是該同學煽動這場風波，但老師每次都以「一定又是你」斥責那位同學，由於這樣的斥責，使得這場騷動很快平息，只不過那位同學成了可憐的代罪羔羊。

我們可用不同方式來警告人，但與其對全體加以申斥，不如選擇特定目標給予集中的警

告。如前述例子，我們都了解這場騷動不是他一個人的責任，只不過是殺雞儆猴的手段罷了。在學生時代，對於這種事的疏忽，倒還不致釀成嚴重後果；但一入社會，輕微的大意，很可能就招致無法挽回的結局。下面爲各位介紹我的學生所提供的一個例子。

他的上司對一位新職員極爲不滿，因爲對方畢業於一流學校，且長相不錯，令他覺得不是滋味。這位新職員因爲尙未擺脫學生稚氣，只要一接到女友的電話，便欣然地安排週末節目。

本來可以當場糾正，但這位上司故意按兵不動，先再三地對頂頭上司打小報告，又在朝會上報告：「最近經理一再指責私人電話太多，請各位多加留心。」這位職員根本沒想到被警告的是自己，而且電話又不是自己打過去，所以一如往常，繼續在電話中與女友聊天。某日，他終於被上司叫去刮了一頓：「你到底是什麼意思？」上司當場讓他難堪。果然不到半年時間，他被迫離職。對於一個新進職員來說，這位上司的手段也未免毒辣了些。不過，話又說回來，如果這位職員能警覺到被提出警告的是自己，也不至於被迫離職。

也許像前述這種上司並不多見，但無論如何，當有人對全體成員提出警告時，未必是眞的以全體爲對象，不妨把其視爲是針對某特定對象而提出警告。若是忽略了這一點，可能後果不堪設想，因爲你可能就是被警告的人。

22 對局部做過分誇讚，以掩飾這份讚美的不實

心中藐視上司無能的部下，可能會說：「到底是課長會來喝酒的店，連椅子都不一樣，眞是舒服！」

我有個名建築家的朋友，他有捉狹他人的嗜好。例如他是購買他人設計的房子，但訪客不知情，個個都對這棟房子讚不絕口，「多棒的照明」、「畢竟與一般房子的結構不同」，由於客人認爲這房子必定是親手設計，因此，紛紛提出高雅的讚美。

這位建築家只是笑容可掬地聽這些恭維話，直到客人要離去時，才說：「不瞞各位說，這是買他人蓋好的房子。」這句話著實地讓這些訪客感到面紅耳赤。

這位朋友又告訴我一件趣事，他發現這些訪客在稱讚房子時，不會廣泛地讚美每個項目，只是有的稱讚照明，有的讚美結構。換言之，卽是把重點集中於某一點，來進行「重點式

」的稱讚，就心理學的觀點來看，這種讚美方式也不無道理。

當一個人想稱讚不容易稱讚的事物時，會絞盡腦汁去找出一個勉強可以稱讚的事物而予以集中的誇獎，這卽是「重點式的褒揚」。依前述的例子，來訪的客人，對那棟房子一定抱著「一位名建築家，竟然設計此種……」的想法。但由於對方是一流建築家，因此他們會以為該房子必有某些地方與二、三流建築家的作品有所不同，所以一旦發現某一個不同點，便百般地誇獎。

當一個人內心藐視對方，却又不願意讓對方發覺時，往往是採取這種「重點式」的誇獎方式。比如：某課長帶著部下到卡拉ＯＫ飲酒作樂，當他的部下以「課長，您歌唱的台風好極了，眞是風度翩翩。」來稱讚重要的那一點「聲音」以外的部分。這時，課長如果因此而得意忘形，那可是貽笑大方了。事實上，眞心讚美對方能力的人，不會勉強稱讚對方能力無關的事項，如果有人這麼做，往往是在藐視對方的能力。

使女人迷惑的名言

＊女人與男人的交往，是依照摯友，繼而情人，最後才成爲普通朋友的程序。

柴霍夫

＊女人比男人聰明，她知道的比男人少，但比男人了解的多。

J・史帝文茲

＊在戀愛的股票市場無安定的股票。

安德烈・普雷博

＊會愛你的人也會令你哭泣。

阿根廷俗諺

＊不必急於結婚，結婚不同於水果，再晚也不怕季節不對。

托爾斯泰

＊三種役使女人的東西。利害、快樂與虛榮心。

狄德羅

＊如果女兒回絕了三個求婚者，下一次只好自己去求婚。

瑞典俗諺

＊不一定要先訂立婚約才開始戀愛，好比看小說從結尾讀起。

默尼艾

＊愛的表現是毫不吝惜地給予，但愛的本體是毫不吝惜地奪取。

有島武郎

＊憤怒的女人如汚濁的泉水，滿是泥濘與汚穢，糟蹋原有的美貌，這使得口乾舌燥的男人也不想去喝它。

莎士比亞

Ⅱ

是否因這些言語，而採取違背本意的行為

23 提出讓對方能輕易回答Yes的詢問者，

欲藉肯定的氣氛使對方對重大的要求道出Yes

當編輯想委託應接不暇的作家寫稿時，可能會說：「先生看來眞忙呢！」「忙碌是證明有能力吧？」「您肯接受吧！」

我曾經向一位優秀採訪記者討敎，想不到他所說的採訪訣竅，竟是那麼容易。他認爲：「不論對方如何堅持，先提出對方容易回答或容易同意的詢問，就是這麼簡單。」訪問者與被採訪人往往都是初次見面，一開始，雙方一定持有相當的戒心，如果採訪者首先即提出問題核心，會使對方更加提防，這是他本人的經驗。

一般以爲，只要依照論理程序進行溝通，一定可讓對方了解，事實不然。相信人人皆有此經驗，「雖然內心明白，但還是有那麼一點不對勁」，這是因爲心理的鴻溝尚未建立好，所以從相反角度來看，不論對方如何堅持，只要讓對方心理容易接受，即可簡單地征服對方。

要達成此目標，其最基本步驟，即是不讓對方建立拒絕的「心理架構」。具體地說，不斷提出讓對方回答「Yes」的詢問，這也是古希臘哲學家蘇格拉底慣用的手法，因此，被稱爲「蘇格拉底式問答」。不斷地提出讓對方回答「Yes」的詢問，會消除對方心中的芥蒂，使對方肯定接受自己的意見，這往往是使人後悔莫及的詭計。

許多一流推銷員或商業人士，會把此會話技巧應用於生意接洽上，因而達到良好的業績。這種「蘇格拉底式問答」在私生活上也被廣泛地利用，尤其想得到女方青睞的男士，更是擅長使用這種手法。

對女性的溝通，與其採用論理程序，倒不如利用容易被接受的心理感應來說服。如果能讓女性不斷地回答「是」，也許很容易邀請女方一同出遊，因爲此刻她的確認神經已經麻痺，對任何事都會心不在焉地回答「是」，您是否也曾經中過此種圈套呢？

24會話中要求結論者，意欲中斷對方的思考，露出破綻

在交涉生意時，企圖導致結論有利於己的商人，通常會說：「恕我打斷您的話，總之，您的結論如何？」

通常，我們都是依論理程序把自己的結構提出來讓對方明白，但會話中，如果對方貿然地說：「結論到底如何呢？」這必使得我方在刹那間躍過論理程序，結果導致出來的結論必定缺乏說服力。這是違背會話法則，這種手段十之八九，在於讓我方論理產生破綻。

關於這一點，有位精通象棋的朋友曾告訴我，象棋也有法則，在勢均力敵的情況下，如果依照正當法則來下，必使對方窺探出我方的企圖，而難以致勝。因此，有時要以奇怪的棋來擾亂對方的步調。這種違背法則的攻法，即是擾亂對方論理程序的重要戰術。

在兩虎相爭，必有一傷的商場上，常有人使用「結論到底是什麼」這句話，而把交涉導向有利於自己的結論。商場上的交涉，可說是一場鬥智比賽，隔著桌子相對的兩人，為了使結論對自己有利，無時無刻不在窺探對方的弱點，若依照法則進行會話，是難以致勝。

在不容許有絲毫鬆懈的情況下，如果正直地回答：「所以結論是……」則很容易自投羅網，亦即是迷失談話的方向，在論理程序上產生破綻。即使事情不是如此嚴重，也會讓對方識破自己手上的王牌。

那麼，當對方採取違背法則的手法時，應當如何自處呢？首先要按兵不動，不要捲入對方的步調。比如對方問你：「你的結論將是什麼？」你不妨回答：「稍安勿躁。」這樣的回答足以閃躲對方的圈套。在象棋中也有類似的場面，當局勢對自己不利時，如果拚命抗拒，可能更容易受到對方控制，不如先來個緩衝，亦即是先下無關緊要的一棋來擾亂對方的節拍。

「請稍安勿躁」這句話確具奇效，不只可以閃過對方的詭計，同時能動搖對方的心理，況且也有讓自己鬆弛緊張的效果，可說是一石二鳥之計。

25強調「這是最後」的人，是想在對方的判斷力上施予迫切感，而使其對事物的評價趨於馬虎

想清除剩貨的魚店老板說：「客人，您來得正巧，這是最後一條鯛魚。俗話說，買最後的有福。通通去，三百元就好。」

任何人都有「後悔莫及」的經驗，且總以爲「沒上鉤的魚都很大」，常常悔不當初。說起來，這卽是逸失利益的體驗。如果您經常在不知不覺中被人利用此種心理而購買無價值的東西，那麼應該多加留心了！

我的朋友卽是一個受害者，平日看他做事小心謹愼，未料竟買囘一棟有缺陷的大廈，他會上當，的確令我困惑不已。後來知道事情的原委，我才恍然大悟。原來那家公司巧妙地操縱會話，先是帶他參觀幾棟房子，後來又介紹他參觀一間不論地點或外觀皆十分理想的大廈

。雖然他也有心購買，但不想太早下決定。

不過，建設公司以下面的一句話，讓他在短暫時間內改變了想法。

「這棟大廈口碑良好，賣得差不多了，現在只剩下這一間，如果今日不簽約，立刻會被賣出去。」

這句話竟然引發「不及早做決定必會吃虧」的心理，使得這位朋友立即與對方訂立契約，遷入才發現夜間交通流量太大。

如同此例，如對方提出「這是最後」的話，會使範圍立即縮小，讓人難以發揮正常判斷力。如果明白「現在不買會吃虧」這句話是擾亂我們對事物的評價之手段，則不至於遭受嚴重損失。

事實上，沒有上鈎的魚，隨時可再釣。

強調「這是最後……」，企圖讓對方失去冷靜的判斷。

26 先發制人式地提供選擇方向，藉此強迫對方接受自己的意見

想讓徘徊於升學或就業間的小孩選擇升學道路的父親往往會說：「該決定自己的路了，對了！你想進私立或是公立學校呢？」

當妳駐足於百貨公司專櫃前，數著荷包內的錢，正猶豫是否該買一件時，當然，這時的妳對衣服的顏色或樣式並無具體的要求。在這種情形下，如果對方是位精明的店員，她會暫時觀察正在迷惑的妳，然後提供選擇說：「顏色方面，妳是希望明亮些還是穩重些？哪一種呢？」

事實上，妳是正爲該不該買而迷惑，並非由於顏色或款式的關係。但此時，店員把妳要購買做爲既成的前題，進一步展開下一個階段，且以「明亮些或穩重些」一類二選一的具體

方式發問，這卽導致對方忘記剛才所迷惑的原因。最後，店員會再補充「這個……如果是妳要買的話，我建議妳還是選擇色彩明亮一點的較好。」如此而被誘導以購買爲前題來加以思考。

像這樣故意設下與實情不同的前題，企圖左右未來的判斷，在心理學上稱爲「錯誤前題暗示」。比如想把對方引導向A方向，就要給對方已經朝A方向做決定的暗示。不論是哪一件，只希望顧客能買一件的店員，在對顧客的會話中，卽採用已經讓對方決定購買的語氣。換言之，是否要購買的選擇，已被明亮或穩重色的選擇所取代。雖然，這是人爲故意設下的錯誤前題的選擇，亦卽是讓客人從明亮色或穩重色之間做選擇，使客人錯覺自己是做了一項自由的選擇。

「A或B，請您選擇自己喜歡的」，這時候，會讓人眞以爲做了一項自由的選擇，而上了錯誤前題暗示的當，最後被迫做有利於對方的選擇。

唸高中的兒子，正爲升學或就業問題而煩惱時，希望兒子升學的父母，卽可能把升學當做旣定的目標，進而問他：「想進私立或公立學校呢？」讓對方二者選一。因此，不要因爲這些巧妙的錯誤前題暗示而誤了自己重要的選擇。

27.利用比較心理，以更強烈的對象為擋箭牌，可壓抑對方的不滿

當母親想制止孩子提高零用錢的要求時，可能會說：「你眞是身在福中不知福，想想那些非洲難民的小孩。」

前些日子，當我在咖啡店閱覽報紙時，無意間聽到一對夫妻的對話：「老公，我們家兒子那種成績，怎能考上高中，你也該警告他，教育小孩的責任不是我一人，你也該盡點責任。」那位妻子抱怨著。相信有不少忙於工作而無暇照顧家庭的先生，也經常受到妻子如此的責難吧！但是，當時這位丈夫的回答頗耐人尋味。

這位丈夫被妻子數落了一頓後，便如此回答：「對了，隔壁陳先生家眞麻煩，小孩整天鬧事，做爸爸的也無心工作。」本來充滿怨言的妻子，此時也語重心長地說：「說的也是。

」接著又回答：「比起他們，我們家還算好。」就此停止對丈夫的抗議。如同這位太太一般，當一個人了解他人的不幸時，就不會把自己的不幸視爲不幸。這是因爲心想：「比起他人，我還算……」如此而在心理上產生對比效果。這位丈夫卽是用此對比效果來平息太太的怒氣。而以這種心理弱點來進行產品推銷或把低廉薪資加以正當化的例子不計其數。

當對方引證別人的不幸，可能企圖讓我們的關心轉移到他人身上，藉此消除我方不滿的情緒。等你靜下思考時，則發現此圈套並不足以解決問題，事實問題依然存在。徹底地說，這只不過是一時的搪塞。如同前述那位妻子，她回到家看到兒子，可能又重新焦慮。因此，只要明白這套技倆，就不會讓他人利用別人的不幸來使自己上當。

譬如狡猾的上司，當他知道部下對低廉的薪資有所不滿時，卽會提出更低薪俸或失業的例子，藉此來敷衍對方。甚至造成一種印象，讓這些對薪支不滿的人，認爲此種不滿是不當的行爲。俗語說：「比上不足，比下有餘。」在遺失金錢時，可以想想沒有喪失生命，已是不幸中的大幸，但對於利用此種詭計來騙人的話，則要小心防範。

28.強調對方的特別，曲意討好對方，以使對方採取違背本意的行為

會費昂貴的健康俱樂部業務員，爲了得到生意，可能會說：「我們只做一流營業幹部的生意……因爲您的寶貴身體，需要肩負重任……」

相信您也有這種經驗，對於「有利」或「動聽」的言語，心中會存疑，因爲眞正有利的話，是不容易碰到的，誰都不相信此種情報會提供給自己。但言語詭計的高手，熟知人類心理會有此種猜疑，因此將計就計。

企圖推銷昂貴商品的業務員，爲了得到生意，可能會說：「這商品極爲實用，雖然價錢貴了些，但買下來絕對划算。」但這種直截了當的推銷法，會讓對方懷疑爲何此種有利的情報會提供給自己，所以會再加上一些限定購買對象的言辭，說：「我們只向您這種高級商業

人士推薦。」

弦外之音，無非是說明只對限定的某些人提供有利的情報，使這些人一聽到只有自己才能受此恩惠時，便覺得這是極珍貴的情報。這種「因爲是你」或「只對你」等把自己加以限定的說法，能滿足人的自尊心，因此，很能讓人去接受對方的建議。

前些日子，我就中了這種圈套，而被時常光顧的舶來品商店老板推銷了一件高價的大衣。對方告訴我：「價錢雖然高了些，但由於是高級產品，所以只進貨三件。一件賣給○○先生，一件賣給××先生，而剩下最後一件，無論如何要由先生您來穿。」心中明知這是老套，但却暢快無比，因爲○○先生與××先生皆是社會名流，這更能滿足我的虛榮心。換言之，明知對方在拍馬屁，但對這位女店東的推銷手腕也有幾分佩服，最後還是買下了它。

29 時常更換話題，擾亂對方的步調，以獲取會話中的主動地位

希望會議能如自己步調進行的上司，可能會說：「對了，有件事……。啊！我想起上次那件事……等一等，我忽然想起一件事。」

當我與外國人交談時，一直設法在自己所擅長的領域中進行會話，因爲談論到自己不擅長領域的話題時，需要在腦海中思考一番，方能回答對方的問題。如此一來，非但不能享受會話的樂趣，而且有如在接受審判般地痛苦。

每當我們的會話主題稍微偏差時，我會毫不客氣地說：「By the way（順便一提）……」再度把話題引到自己熟悉的領域。

也許這突然的打斷會令對方瞠目結舌，但總比使會話停滯的情況來得好些。

頻頻變更話題，是企圖掌握會話的領導權。

我這麼做，是想掩飾自己對陌生領域缺乏高明的英文能力，也可以說是一種「權宜之計」。有的人卽採取這套手法，企圖在會話中得到主動的地位。比如：常使用「對了，有件事……」「啊！我想起了……」「請等一等」等一類的接續詞，來頻頻改變話題，這種人可能企圖依照自己的步調來進行會話。

這樣的會話技巧，除了是想談論自己所擅長的領域，使自己在會話中佔優勢；同時，也是想藉著不斷改變話題給對方心理造成迫切感。因爲常常改變話題，對方很不容易抓住會話的重點，亦會失去論及自己的主張，只好配合我方的話題。

30 談話中突然冒出的意見，

無非以突然想起，企圖傳達內心想說的話

一直想糾正部下談吐的上司說：「剛才的話，突然讓我想起你打電話的方式……」

有些人會以「對了，我剛剛發現……」彷彿突然想起的這類語氣來會話。如果眞的是忽然想到，那倒不必多疑，但有心機的人，會以「忽然想起」把許久以來埋藏於心中的話適時地提出。

比如：上司以忽然想起的態度告訴女職員：「我忽然想到妳的衣服是否太時髦了些？」事實上，在會話中若摻雜批評或指責的口氣，絕非是忽然想起的。這種忽然想起的口吻，應該是經過仔細考慮後提出的忠告。

有的上司平日裝成視若無睹，但由於職責所在，他必須每日觀察部屬的服裝與談吐，可

以說，無時無刻不在留心部下的一舉一動。比如：上司心中對服裝不合規定或髮型不合要求，甚至員工的措辭不當，尚未擺脫學生稚氣等事情，希望找個適當機會來糾正部下。其實，如果把這些話直接地忠告對方，員工可能當場變得嚴肅，加以反省，但不容易眞正改過，結果無法讓上司信賴。

就指責的人來說，如果假裝忽然想起而忠告對方，能避免雙方正面衝突，由於這是忽然想起，所以會暗示對方，「如果我的措辭不當或說話太衝，尙請多多包涵。」對於被警告者而言，這樣的指責方式，比起上司當場召見嚴厲受到指責來得痛快些，也容易讓部下聽從。所謂「臨時想起」，含有事情過去就算了的意味，因此被忠告之人，不會記仇。這卽是利用「我剛剛發現……」的口氣，企圖把心中的話提出。率直地說，這種詭計已事先為雙方留下後步。

國外有幽默俱樂部的組織，該俱樂部不歡迎事先想好的笑話，他們認爲眞正高級的笑話，應該是順手拈來的，事先經過構思而擬好的笑話，卽不成爲笑話，這也是該俱樂部的宗旨。因此，上司會假裝忽然想起而對部下指責，或許也是想利用隨機應變的效果。但在此種場合中，卽使上司僞裝是「忽然想起」，仍會對部下證明許久以來他心中的不快。這時候，被指責的部下應該銘記在心。如果對此忠告等閒視之，恐怕未來的日子可就難過了。

31 故意提出刁難的條件，是想引起情緒化的反駁，以刺探對方的真心

知道自己即將被更換的棒球選手說：「這場球的獲勝，在於我那一局的表現，除非把我的年薪增加三倍，否則我不會在契約書上蓋章。」

觀賞職業棒賽的確相當刺激，每當球賽季節過後，球員的更換，令人感到好奇。球隊與選手間的交涉，好比是一場心戰。在此種情況下，曾活躍於球場的選手們，可能會提出各種要求。

一九八五年，日本棒球的中央聯盟可說是阪神虎隊的天下，其中最優秀的巴斯選手在簽訂新約時，也表現其全壘打王的特色。據體育專欄的報導，他曾經要求年薪三億日幣，且放言如果對方不能接受，他將不再回到日本，這在後來引起熱情球迷的觀望，到底其要求能否

被接受；萬一不成，巴斯將加入哪一國的聯盟？後來，雙方談妥，以年薪一億數千萬元使此事告一段落。這樣的結果，我早已料到。

我預料到巴斯提出三億元的要求，只不過是巧妙地投給球隊一個牽制球，如果他眞的想要求三億元，絕不可能在簽約前攤出手中王牌。巴斯眞正的企圖，可能是想刺探球隊對他有幾分的眞心。爲了刺探對方的眞心，他故意提出對方難以接受的條件，藉此觀察對方反應，這種圈套經常被利用。據我的判斷，巴斯會提出年薪三億元，是想刺探球隊是否眞的需要他。

不過想利用此種手法的人，需要有勝過對方的實力，要不然，會有被對方反加利用的危險。

日本另有位著名投手也與巴斯的例子相似。他無意離開原來的球隊，但當他知道自己有可能被更換到其他球隊時，也投出一個牽制球，只可惜這一球被球隊巧妙地擊中，因此其目的無法達成。

不論如何，在與對方初次的交涉中，可利用此種手法。當彼此摸不著對方來路時，可先提出對方絕對不會接受的要求，再觀察對方的反應，如此即可決定下一步棋該如何走。

32 一開始提出刁難的建議，以誘使對方接受下一個建議

想讓孩子幫忙打掃庭院的母親說：「小明，今天要不要替媽媽掃厠所？怎麼啦？不願意，那麼，就打掃庭院吧！」

當刑警想讓嫌犯招供時，經常會說：「現在供的話，可減輕你的罪刑，否則拖到最後，會判重刑。」這是讓嫌犯對現在與未來罪刑的輕重加以比較，企圖給嫌犯帶來精神壓力，這也算是前述「對比效果」利用的一種言語詭計。簡單地說，即是搬出A與B，強調其中一方的缺點，企圖讓對方挑選略勝一籌的另一方。

一個人在判斷之前，會在腦海裏把此事與另一件事做比較，然後再加以決定，這是最普通的方法。但如果雙方條件平分秋色時，只好對細節條件做進一步的斟酌，但仍然讓人感到

一開始卽提出讓人難以接受的提案，是企圖使對方接受主要的提案。

疑慮。反之，如果其中一方條件明顯地惡劣，似乎沒有考慮的餘地，那麼，不論另一方是否眞的好，也會錯覺那才是適合自己的條件。換言之，把大小缺點加以比較，因前者缺點過大，而令人錯覺後者的缺點比實際缺點更小。

一位精明能幹的人事經理，卽有可能善用此種「對比效果」的錯覺技巧來進行人事移動。譬如：有個職員須被調到C地，這時，人事經理會提出一個難以比較的偏遠勤務，讓對方自己判斷。「C地與F地的分公司都希望你去，你想選擇哪裏呢？」面對這問題的員工，應該明顯地可以選擇自己的去向。在一個不利的建議後面再提出另一個略勝一籌的建議，這是值得警惕的地方。

33 接二連三地提出詢問，以讓對方主動提出結論，導向對自己有利的方向

想推銷新車的業務代表說：「府上有多少人？……假日都到那裏去？……您夫人也會開車嗎？……那麼我建議您買這種車最適合。」

有位任高中棒球教練的朋友曾告訴我以下的故事。以前，在主力選手中，有位學生始終無法打擊內角球。任憑如何糾正，他總是閃開或揮棒太遲。這位教練看情形不對，只好改變指導方式，亦即是對學生提出一連串的詢問，「如果球朝你身上飛過來，你該怎麼辦？」「把腰抽回，會產生何種結果？」「你是否怕球？」「側過身揮棒，理由何在？」透過接二連三的詢問，是希望讓學生在思考過程中，發現自己的缺點。果然，這位學生在了解自己的缺點後，便努力地克服。

因此，與其教導對方「該這麼做」，不如採用此種方式來得有效。的確，一個人與其受別人的指示，還不如對於自己所下的結論積極地實踐。所以，想讓對方錯覺是自己所下的結論，卽要善用這種一連串的詢問方式，以此誘導對方達成對我方有利的結論。

不瞞您說，我也有過如上的體驗。那是購買西裝的事，當我一踏入西裝店，店員立刻過來招呼，問道：「先生希望什麼樣的顏色…」我答道：「深藍色系統如何？」對方馬上又說：「依先生您的體格，深藍色很相配。」「您希望什麼樣式的鈕釦呢？」我只好回答：「只有一顆鈕釦的怎麼樣？」「這個……依先生您的行業，還是選擇有點特色的較好。」就這樣，我一一回答對方的詢問，最後，不知不覺地買下店員所推薦的深藍色西裝。

當時，我自己也覺得這套西裝很合適，但回家後仔細打量，總覺得不太對勁，而我又不好意思要求更換，畢竟當店員提出詢問時，我也回答了自己的條件，結果，等於自己選擇了那一套西裝。該店員雖然只是提出一連串的詢問，但其目的在於封鎖我的抗議，可說是高明的技巧。

當對方想誘導您做某種結論時，聰明的人不會從正面著手，只要讓你回答他的詢問，假裝尊重你的意見，讓你錯覺自己主動做決斷。故一旦有人反覆對你提出詢問時，應了解對方心理的詭計。

34 特別提醒的錯誤，使人意識到此錯誤而重蹈覆轍

互相競爭的高爾夫球伙伴之一說：「你要小心，可別打到右方的障礙穴裏，絕對不要打入右方哦！」

在婚喪中，人們都會留心「忌諱語」，譬如在結婚宴會上，「終了」、「分離」等言語是受到禁忌的。

數年前，我參加朋友的結婚喜宴，在宴會進入高潮中，新郎的朋友正妙趣橫生地演講，博得現場來賓哄堂大笑，使整個席宴熱鬧非凡。但在演講接近尾聲時，對方不小心說溜了嘴，「那麼就此終了。」話一出口，演講者立即發現自己的疏忽，因此馬上道歉：「對不起，本人衷心地祝福這對新人永浴愛河。」

散席後，對方仍然一臉的沮喪。我情不自禁地同情他，而安慰說：「你講得眞精采，沒有人在乎這微小的疏忽，想開一點。」對方告訴我：「昨晚，我整夜不斷地練習台詞，甚至買了一本『演講常識集』來參考，事先研究過忌諱語……」

由於過分地意識「不可以如此」，結果造成反效果，這種經歷，相信曾出現在每個人身上。我們常看到一些新選手面對資深選手時，便感到心驚肉跳。「當我想到獲勝時，渾身緊張。」像這些新選手卽是過分意識到「不可緊張，應避免怯場」的結果。

不論是自己意識到，還是別人讓他意識到，其結果相同。我本人也有打高爾夫球的嗜好，曾經目睹一場有趣的情景。當時，我是在開球區等待前面一組打完第一球。當某人正要開球時，他的伙伴忠心地提醒道：「右方有坑窪，千萬別打到右方去。」這個忠告，讓當事人頓時臉色大變，雖然強作鎭靜地把球擊出，但不幸地，球却進入右方的坑窪，令這位球員懊惱萬分。

據我的判斷，忠告者乃是一片好心，但如果他是心存「惡意」的話，對方必定也不會發覺。其實，社會上表面僞裝一片善心但內心期待對方失敗的人很多，爲了不受到這些人的操縱，所以當對方說：「別打向右方。」時，不妨認爲「應打向右方」，如此一來，球會奇妙地飛向左方。

35 提供正當理由，

排除對方心理障礙，使其採取內疚的行動

當主婦面對購買高級化粧品有所不安時，女店員說：「利用這化粧品把自己好好粧扮一下，也能讓妳先生高興。」

某職業棒球選手，以駕駛價格昂貴的外國進口轎車而聞名。不過，以他的薪資，駕駛名貴轎車倒也無可厚非，只是，他對自己的作風似乎也感到內疚。每當記者問及高級名貴轎車時，他總是回答：「為了讓小球迷對職業棒球選手有所憧憬，我當然要開這種名牌轎車。」我不知道他是否眞的因以高級轎車代步而心有愧疚，但他時常掛口的「為了小球迷」理由正當。所以，任何人在被提出如此做對雙方皆有利時，原先心理些微的障礙會自然消失。

不少狡猾的推銷員，即是設計此種圈套來推銷昂貴的產品。他們經常說：「如果讓你爺

爺睡鴨絨被，你就能盡孝」、「現在是科技時代，爲了令郎的前途，應該買這種英文卡式錄音帶給他」等，誘使對方買下昂貴的產品。因此，一個人在猶豫不決時，如果對方適時地煽動，則會被「盡孝」、「爲了兒女的將來」等正當理由所矇蔽。而你也會認爲「反正是爲家人好」，如此做也是情有可原。

人的心思是極端的矛盾，想相信對方，但又對其不放心，這樣躊躇不定的心情，像鐘擺一般搖晃不定。人本來就存在這種心理結構，當別人提出正當理由時，便能引發我們去相信對方，就在這瞬間，鐘擺偏向一方。

很多花花公子即利用這種技倆追求女人，現代的女性，不論思想如何開放，對性行爲畢竟還是相當保守。雖然她們對愛情滿懷憧憬，也明白愛情離不開性，但仍然視這樣的性快感爲不道德的事。爲了排除內疚，她們會對自己提出正當理由。比如：「最後一班車時間已過，只好在他的公寓過夜」、「對性要更開放一些」等正當理由來同意自己的所作所爲。喜歡拈花惹草的男士，經常提出正當理由，讓女方接納自己的正當理由。

除了男女關係外，一般小心謹慎的人，對這樣的說服也會輕易地上當。

36 強調但說無妨的人，

實際是在抑制對方什麼話也別說

與女職員有曖昧行爲的上司，在露出馬尾時說：「我明白了，今天我要聽聽各位的意見，有什麼話，你們儘管說吧！」

在每年的尾牙宴席上，上司經常對部下說：「今天大家放鬆心情，有什麼話儘管說！」有些上司甚至更有風度地說：「卽使是關於本人的建議，也直說無妨，這樣對我自己也有好處。」

有人眞的以爲這是個不講虛僞的聚會，因而大放厥詞，執意抗言，但其結果不堪設想。除了在宴席上以外，不論是在任何地方，一再強調「不論什麼話，你們儘管說」的上司，事實上，對屬下的意見記得一清二楚，只要一逮到機會，他會告訴你：「我記得你當時曾說過

「儘管說」，是暗示對方什麼也不要說。

這些話。」就這樣，報了一箭之仇。這種陰險的手法，時常可遇。

在會議席上，上司也常提到：「今天大家推心置腹來談，請各位不要客氣，有任何意見，儘管提出來。」如果對上司的話信以爲眞，極力批評上司，也許上司會面帶笑容地說：「原來如此，謝謝你給我寶貴的意見。」但其心中極可能怒火沸騰。

一般來說，受到部下批判而能保持鎭靜的上司並不多見。因此，當上司親切地說：「有何意見請儘管說。」時，對方往往是器度狹窄、容易記仇的上司。

「有話儘管說」，只是想在他人面前表現自己器量的宏大，其實他的本意是「什麼都別說」。

37 向對方提示「我會那麼做」的人，是企圖讓對方依其意思行動

希望儘早撮合婚事的媒人說：「眞是天作之合，如果讓我年輕二十歲，我一定馬上結婚。」

每當購物時，我總是等店員多方面的推薦後，提出反問：「如果是你，你會選擇哪一個？」如此也許可以避免購物時發生差錯，但這並非表示完全依照對方的推薦來採購。

當我問及：「如果是你，會選擇哪一個？」時，有些店員會憑良心給予推薦，但據我多年來的經驗，這種有道德的店員並不多見，大部分的店員會說：「這個……」繼而開始猶豫不決。也許店員眞的迷惑，正在思索有利我方條件的選擇，這種店員個性耿直，只是不多見。

通常，店員對於顧客的詢問，會隨口應變，立即指出適合你的商品名稱，這種人我們需要提防。有時，他並非想配合我方的需要，只是把心中早已決定的商品推銷給顧客。

一般而言，會提出「如果我的話會這麼做」的忠告者，應該是出於一片熱心，但有的人視其爲詭計加以利用。比如：被委託撮合婚事的媒人，想催促猶豫不決的當事者儘早做決定時，會說：「眞是天造地設的一對，如果我年輕二十歲，會馬上結婚。」

對方這些話，會讓我們錯覺他是設身處地眞心爲我們著想而提出忠告。過分離譜的忠告，是不容易被人理會。但當我們躊躇未定時，說不定會聽從對方的建議，而做左右一生的重大決定。

若是在「如果是我的話」後頭加上「如果有錢的話」、「如果有時間的話」、「如果年輕的話」等假設語氣，最好能提高警覺。因爲眞心想提供有價值忠告的人，決不使用這一類的語氣，這是由於一般人皆怕輕易發言而遭人責難。

38 傳遞曖昧不明的消息，

是想以模糊的印象讓對方感到不安

懷疑丈夫有外遇的妻子說：「老公，你最近臉色憔悴，是否工作太累了？」

我有個朋友以疼老婆聞名，年逾五十的他，任大公司的主管，在商場上是個活躍人物，只是其成爲愛妻愛家的過程，頗有意思。

在他年輕時期，以工作爲重而不顧家庭，是個典型的薪資階級，但後來竟與某酒吧的女店東雙雙墜入愛河，從此，每天三更半夜才回家，甚至宿夜於外。當然，他以「加班」爲藉口。由於他也曾經深夜回家，認爲太太不會起疑心，然而，女人的第六感却是不容忽視的。

每當與女店東雲雨巫山後回到家裏，妻子總是溫婉地問：「老公，你最近氣色不佳，是否加班太累了？」這句話總是讓他大吃一驚。結婚以來，太太未曾如此對他溫言軟語過，他懷疑太太已發現自己有外遇，因此陷入極度的不安。而這一連串的安慰，終於讓他招架不住。因爲心裏的愧疚，他只好公開一切而向太太表示懺悔，並保證不再重蹈覆轍。

在此個案中，如果太太歇斯底里地叫囂：「你在外面一定有女人！」這位朋友也不可能成爲愛妻愛家的人。

一個人如果直接依事實來指謫對方，反而會引起對方的反感。反之，如果以曖昧不明的言語做抽象的暗示，有時會動搖對方的意志，更何況因有外遇而感到內疚的人，如果以抽象的消息與他個人的體驗相連在一起，會使他陷入疑心暗鬼的狀態。

商場中的人士，常利用這種心理來引起對方的不安。比如：有人假裝好心地告訴你：「總經理皺著眉在看你。」等一類不具體的言語。如果你明白總經理皺眉的原因，倒可以事先採取對策，但因果關係模糊時，你則無計可施。最後，你爲了尋找原因而胡思亂想，導致重重的不安。

當今的社會，可稱得上是個情報競爭的社會，能搶先一步得到正確情報而採取應變措施的人，也是個天才。商業人士經常反加利用這種人類心理，利用曖昧不明的情報來擾亂對方的思緒，嚴格說來，這也是一種情報的競爭。

39 以官式口氣下達命令，是利用言語「階級性」強迫對方接受自己的權威

上司對於平時不聽從指揮的部下說：「○○先生，請把這文件迅速送到××貿易公司，記住！要親手交給對方本人。」

在官方文書或學術性的書籍中經常看到嚴謹的表達，可說是讓人難以明白的八股。但最近以年輕人爲對象的雜誌編輯，內容表達趨於淺顯，文句也較短。但任憑潮流的改變，這些學術書籍與官方文書，仍原原本本保留過去嚴肅的表達方式。

這種艱澀的表達具有不可思議的效果，言語也有「階級」，這階級足以影響讀者或聽衆的心理。所謂平易的表達，是以淺顯的文句對內容加以表達，以這種方式來表達官方文書，似乎太輕浮了些。至於學術書籍方面，過於淺顯的表達，難以顯示作者的權威。因此，使用

以拘束語氣下達命令，是想強迫對方接受自己的權威。

艱深的表達，可大幅度地增加文章的權威。即是說，拘束的言語使文章賦予權威，可藉著字面上的威嚴來掩飾內容的良莠。

時常以艱難的言語進行會話的人，可能也是想利用這種手法給自己造成權威。平日說話極其客氣的上司，如果突然改變口氣而對部下說：「我們課裏要努力提高銷貨量，希望各位以堅定的決心來完成目標。」乍聽到這些僵硬的措辭，會讓部下與上司間產生未曾有過的心理隔閡。換言之，部下會重新評估自己的上司，這一來，只好無條件地接受上司的要求。但如果部下了解這是上司故意採用的心理戰術，即不會被其所左右。

40 反覆提出不是「是」與「不」能回答的詢問，是企圖使對方多開口以洩露真心話

當一位資深的女職員爲刺探同事間的戀愛時說：「昨晚吃些什麼呢？在哪家館子呢？與哪一位呢？」

新聞記者或雜誌記者，基於工作上的關係，擅長巧妙地尋找話題，其中一個技巧，即是提出讓對方無法以是或不是來回答的詢問；亦即是讓對方做不具體的回答。以一句話爲線索，最後打聽所有想知道的消息。比如：記者要到遭搶刧的家庭採訪，他會向對方提出5W1H的發問——是誰、什麼事、在何處、與誰、如何做的具體問題，讓對方針對是什麼樣的人、何時、在家中何處、與哪些人、如何搶刧等問題做具體的回答。這些詢問皆不能以是或不是來回答。

當對方被問到「是怎麼樣的男人」，如果回答「四十歲左右的男人」，記者會緊追不捨地問「服裝呢」、「長相呢」等問題，讓整個案情趨於明朗。但剛出道的記者，就會斬釘截鐵地問：「嫌犯是男的吧？」「是否由窗口闖入？」等詢問方式，對方當然以是或不是來回答，這很容易使會話停滯。當然，亦無法使事件顯得明確。

若以被害者的立場來思考，可以發現這些資深的新聞記者之詢問方式很合邏輯。被害者都希望敷衍記者的採訪，他們根本不會主動談論事情發生的經過。但只是被記者套出一句具體的內容，便想原原本本地述說整個案情的原委。

擅長打聽或採訪，不僅是記者的獨門功夫，在任何公司裏，總有幾個擁有「情報局」頭銜的人士，他們的共同點即在於擅長打聽情報。比如：滿懷好奇的女職員，一心一意想刺探同事的羅曼史，所以每逢星期一，她必會針對當事人提出詢問：「星期六妳去哪裏了？」如果稍微洩露一絲線索，對方會繼續問：「與誰在一塊？」「然後到哪裏？」結果使對方被迫招供。

如果身旁的人對你提出無法用是或不是來回答的詢問，你可以斷定對方企圖刺探你的眞心，對於這種私人記者，還是敬而遠之爲妙。

41 針對第三者提出的抗議，

是假非難他人以向對方抗議

自己小孩遭鄰居小孩欺負時，母親說：「最近小孩受人欺侮的情形似乎愈來愈嚴重，府上的小孩怎麼樣呢？眞不知道老師是如何教的？」

很多人明明知道對方不對，但又不敢提出抗議。自從卡拉OK問世後，很多人爲其所帶來的噪音苦惱萬分，雖然想提出抗議，但爲了避免釀成風波，還是自認倒霉。遇到這種情形時，不妨以「第三者」作爲抗議的對象，間接地向對方表示不滿。有位著名的心理學家，卽是利用這種手段，有效地擊退噪音公害。

原來，他樓上住的是一位業餘的作曲家，每天不分晝夜地彈琴，由於對方並非以琴來打發時間，所以他一再地忍耐。但接連幾夜的失眠，終於令他按捺不住。因此，他開始散佈風聲，指責建築商工人偷工減料，連琴聲都傳遍整棟大樓。並且聯合住戶，向建設公司提出抗議。當然，他也請該作曲家參與這場戰鬥，而作曲家也無異議地接受。雖然心理學家把抗議指向建設公司這「第三者」，但心裏也知道事情沒那麼容易，想讓建設公司重新改建，那簡直是天方夜譚。事實上，他所抗議的對象，即是那位作曲家。

果然，他如願以償，作曲家間接地受到警告，從此，他在鋼琴下面墊有地毯，且加強隔音設備，同時，盡量減少夜間工作。這麼一來，終於使這位心理學家擺脫噪音的干擾。

除了此例外，對於很多事情，我們也經常利用「第三者」爲抗議對象，企圖向另一方間接提出抗議。比如：鄰居的犬吠讓人不得安寧，這時，不妨問對方：「我們家的貓聲是否會吵到你們？」又如：別人家的孩子邀請正在應試的孩子出遊時，你不妨問對方的父母：「小犬找令郎郊遊，會不會妨礙到你們？」

但對方如果反應遲鈍，這種圈套是難以得逞。此時，只好開門見山地直接向對方提出抗議。

42 以「物理條件無法更改」做為擋箭牌者，是想推辭對方的要求

飯店經理爲了不想讓衣冠不整的男子投宿而說道：「眞抱歉，房間都已客滿，歡迎下次再光臨！」

我有個大學教授的朋友，擅長推辭。比如：對於演講結束後聽衆的發問，平常人士若不希望發問時間太長時，幾乎都說：「由於時間上的關係……」但這位朋友却說：「我現在需要趕到火車站搭×點×分的車子。」這會讓聽衆認爲他是犧牲時間接受詢問，既然人家要趕火車，當然只好放棄繼續發問。這麼一來，除了得到聽衆的諒解外，且被熱情地送出禮堂。

如同這般，以物理限界爲理由，巧妙地回絕，會使請求者感到束手無策。人都有根深蒂固的觀念，認爲物理條件是不可能更改的，所以也不須強求。當一個衣冠不整的男子想投宿

大飯店時，櫃台人員打量他的穿著後，如果說：「本飯店不收留可疑人物。」這極可能引發一場糾紛。爲了避免醞釀這場風波，不妨告訴對方：「由於客滿……」以物理條件來回絕對方，也許較爲安全。

一般做爲物理理由的是空間與時間的界限，因爲這兩者皆具有難以爲人所左右的特性。最近，人類所發明的電腦，似乎也屬於物理的條件。

我有個學生，當年他報考許多研究所，後來發現有些學校考試日期衝突，因此不得不放棄某所學校。當他前往學校要求退報名費時，承辦人則答覆：「已經輸入電腦，無法撤銷，你還是犧牲一點吧！」該學生聽到對方的回答，心想：「既然已經輸入電腦，也是於事無補，還是算了吧！」

姑且不論電腦是否眞的無法挽救，事實上，多數人只要對方提出機械、時間、空間等物理理由而加以拒絕時，都會打退堂鼓。所以，當對方提出「沒有時間」、「沒有場地」等作聽之下頗有道理的拒絕理由時，只要仔細思量，卽可發現那是對方企圖拒絕我方要求的詭計。

43 話語中留有疑點，是想引起對方的關心

迫不及待要與女方結婚的工程師說：「明年春天，我將被派往德國研究單位，我打算在新環境中奮鬥一番，謝謝妳與我多年的交往。」

推理小說之所以引人入勝，乃由於具有闡明兇嫌的樂趣。在命案發生時，若兇嫌具有不在現場的證明，則將引起讀者產生「爲什麼？」「如何做？」等疑問，這種種的疑問，將把讀者的情緒帶往下面的情節。

一個人會去關心某件事，常常由於疑問使然。牛頓會熱衷力學，發現萬有引力，即是目睹蘋果從樹上落下後，心中想知道是爲什麼，才有這偉大的發現。不僅是牛頓，各方面的權威人士，起初也是由於單純的疑問，而投入研究領域，這種例子不知凡幾。換言之，疑問是

使人持續關心的原動力。

一般推理小說與連續劇，即是善用這種人類心理。每當一集結束後，必會附上巧妙的構思，讓觀衆引起遐思，甚至讓觀衆陷入不安，主動地尋思主角下次到底會遭遇到如何的命運。直截了當地說，即是不揭開謎底，繼續維持觀衆高昂的興趣。

這種手法，在開會時也經常被使用。不管經過如何周詳的調查或徹底研究，如果把主體的結論加以公開或把要點逐次地報告，反而令人感到乏味，得不到好評。同樣要說出結論時，事先問觀衆，「關於這一點，過去的疑問是否已解決」，會使聽衆格外地表示關心。

迫不及待想結婚的男子，可能會對女方說：「明年春天，我被派往德國研究單位，我打算在新環境中奮鬥一番，謝謝妳與我多年的交往。」聽到這些話的女方，心中也許起疑而說：「依目前情況，我們也許無法結婚。」但事後不久，她反而會主動向男方求婚，這即是同出一轍的心理結構。

如同連續劇每集結尾一般，在說話中如果時常存疑的人，最好提防對方是否企圖讓我方加以關心。

44 強調「嚴守秘密」，是想利用揭露秘密的心理，散佈傳聞

當主婦想陷害與自己不睦的鄰居太太時，可能會說：「這句話只能在這裏說，聽說隔壁的王太太，光天化日之下竟與男人偷情。」

某績優貿易公司的課長與屬下女職員幽會時，被另外女職員瞧見。由於這兩位女職員是同期進入公司，感情篤厚，所以有意想隱藏這件事實。但愈是想保密，愈是容易說溜了嘴。有一天，她無意中說：「這句話只能在這裏說……」把此事洩露給其他同事。想不到，這件事很快就傳開了，不久，「只能在此地說」便傳遍公司各角落。最後逼得那位上司與女職員無地自容而辭職。

洩露這消息的女職員也許是無惡意，但不論如何，只要一聽到「這些話只能在這裏說」

「嚴守秘密」，是企圖讓人傳播秘密。

，反而讓人想把這些話傳開，這乃是人之常情，無可厚非。如果公開談論緋聞一類的話題時，聽衆反而會懷疑說話者的良知，甚至不在乎其說話的內容而注意說話者的性格，搞不好覺得「此人眞噁心」。但如果加上「只能在這裏說」，則讓人以爲「對方無意要去強調這傳聞，只是特別告訴我一人」，卽使對方話中眞的隱藏惡意，我們也不易發覺。

公司裏除了同事間的羅曼史外，關於「只能在此地說」的事層出不窮，但這種事情却很少眞的是「只能在這裏說」。換言之，過分強調嚴守秘密時，容易造成反效果。

45 不提出預期的答覆，

是想違背「期待心理」，企圖改變對方的行動

太太指責夜深不歸的丈夫說：「老公，你回來了！眞是辛苦你了，要先洗澡，還是先吃點心呢？」

任何人都有期待心理，當對方提出自己預料中的事時，會讓人安心；反之，如果對方採取自己始料不及的言行時，你會停止自己過去的行動或予以糾正。

利用這種心理結構，是想讓對方產生恐懼與不安，以便迫使對方改變以往的作風，這卽是採取「違背期待」的手段。

職業棒球教練，卽擅長利用這種武器來提高選手的士氣，企圖使球隊獲勝。

在球賽中，處於劣勢的球隊如果輪到打擊反常的選手，往往意志消沉；此時，一般教練

都會更換代打選手，這是司空見慣的事。當然，選手一看到教練朝自己走來，心裏也有數，認爲自己該主動下來，但有些教練反而給選手出乎意料的鼓勵：「對方投手的曲線球漸失威力，如果對準曲線球路來打擊，絕對沒有問題。」這句話會使情緒低落的選手恢復自信，重振旗鼓，而緊貼對方的球揮棒打擊。這一出擊，極可能使球飛越中外野手的頭上而扭轉乾坤，反敗爲勝。

這故事是一位體育記者朋友提供的，依他的判斷，如果當時教練更換打擊選手的話，那位球員可能一蹶不振。

這種手段除了名教練擅長利用外，也爲不少太太與主管所喜愛。擧個簡單例子，迷於牌桌的丈夫，每到三更半夜才回來，難免要受到太太的挖苦。但萬一太太改變口吻，體貼入微地說：「又加班了吧！眞是辛苦，好好洗個熱水澡，睡個覺吧！」聽到太太這麼溫言軟語，做丈夫的會感到良心不安，甚至下定決心不再通宵打牌。這卽是太太的回答違背丈夫心理的期待所導致的效果。

46 對意氣風發者予以一針見血的刺激，目的在削減對方的氣勢

在座談會上，一位被女評論家的氣勢壓倒的男士說：「妳認爲女性的僱用率低於男性，但您先生不是公司的大老板嗎？」

一九四一年間，也就是英德引發戰火的第三年，美國總統助理哈利·霍普津斯以特使身分訪問當時處於劣勢的英國，迎接他的人正是請求美國支援的英國首相邱吉爾。

雙方在進行交談時，邱吉爾顧左右而言他，喋喋不休地大談「和平論」，就在邱吉爾踔厲風發之際，一直保持沉默的霍普津斯忽然打岔道：「目前最重要的問題，是閣下您要如何擊敗希特勒？」就在這瞬間，邱吉爾的思緒被拉回現實，開始提出與對方共同戰略的要求。

從前例可以知道，當一個人高談濶論時，如果有人提出現實的問題，則可以削減對方的

氣勢，這是因爲被人揭露自己想要逃避現實問題的瘡疤。所以有人會利用這種心理來瓦解在理論上無法抗衡的氣勢。

比如公司正在開會討論關於新產品的概念，某位卓而不群的職員根據豐富的資料與犀利的市場調查能力正提出建議，由於他把公司形象與新產品的特色配合無間，博得在場人士的贊同。

此時，平常就與該職員作對的競爭者，不採取主動發言，只是嘀嘀咕咕道：「對了，會計室的××小姐也說過希望買這種產品。」事實上，這位××小姐正是演講者的女友。因此，他對這位競爭者突如其來的發言感到震撼，無形中，自己的理論完全喪失光彩。

這一類充滿惡意的心理詭計，在薪資階級的社會上屢見不鮮。把身邊話題或現實話題脫口提出的人，明顯地，是企圖削減對方的氣勢。但反過來看，該人會採取這種行動，正是承認自己在理論上敵不過對方。一旦了解這一點，不論對方突然提出什麼樣的現實問題，你也能處變不驚。

47 以「大家的要求」為理由，是想藉此讓「自己的要求」通過

當高中生的兒子想考機車駕照但被父母禁止時，可能會說：「你們總是不肯答應，但我的朋友大家都有駕照，別人的父母都行，爲什麼你們不肯？」

「看到別人在做，自己也想做，但那並不一定是自己喜歡做。」這個道理相信大家都能領悟吧！以闖紅燈爲例，其實自己無心要闖，只是看到大家闖，自己也跟著闖。這即表示任何人都有「想和別人一樣」的強烈意識。想以此種心理，特別強調「大家」而不著痕跡地強迫別人做自己不願意做的事，這應該不是件很難的事。有關這一點，美國心理學家曾做過如下的實驗。

他們利用自動運動來做實驗，亦即是在暗室設置一個細小的光點，讓三位受測者凝視一

段時間，不久，會感覺光點上下左右地移動。這項實驗的主旨，是想讓受測者判斷光點活動的程度。

起初，三人是在不同的房間接受試驗，讓他們各自提出報告，結果每個人所提出光點移動的程度不盡相同。接著，讓三人在同一個房間做實驗，結果三人的答案一再地修正，最後所答覆的平均點却是一致。換言之，這是「希望與別人相同」的心理在作祟，使得本來參差不齊的答案趨於一致。如同這般，同一個人在獨處與共處時所採取的言行，往往是不一致。

很多推銷員卽利用此種人性弱點，讓顧客買下原先無意要購買的東西，這已成爲當今社會的嚴重問題。很多母親就面臨這種困擾，她們就讀小學的子女，常被迫購買昂貴的學習教材。事實上，這些母親最初都拒絕購買，認爲家中不需要用如此昂貴的教材，但最後却違背本意去購買，這是爲什麼呢？原因是「隔壁與對面太太都買了」這套說辭讓對方改變初衷。但事後打聽之下，隔壁與對面的太太都受同一說辭的欺騙，被迫購買這套教材。

由此可知，人們是如何禁不起「大家」的引誘。利用這套手法的人，除了推銷員以外大有人在。比如：讀高中的兒子想說服父親接受無理的要求時，也可以利用這套手法。又如：正愛玩的女兒，會以「大家都去」爲正當理由，理直氣壯地要求母親讓她去跳廸斯可，因此，不妨把「大家」視爲是企圖讓自己要求順利通過的技倆。

48 唆使別人去做猶豫不決的事，

是利用人「乖戾」的心理，使其決心動搖

媒人與準備和丈夫分手的妻子說：「像這麼卑鄙的男人，不如早一點一刀兩斷，這樣妳也早日得到幸福。」

電視上的婦女時間節目，頗受主婦們的歡迎，尤其是有關人生疑難問題的解答，收視率極高。我對這些人生疑難問題的解答也頗感興趣。但引起我注意的是，提出問題者與解答者之間妙趣橫生的對白。事實上，解答者巧妙說服提出疑難者的過程，比任何電視連續劇更具震撼力且引人入勝。如果從心理學上來探討，這樣的節目有相當的可看性。

這些聰明的解答者所採取的共同手法，是以否決對方來動搖疑難者的決心。比如妳與朋友商量是否該與丈夫離婚，如果對方附和說：「像這麼卑鄙的男人，趁早一刀兩斷吧！」相

在遲疑時，「唆使」表示禁止。

信任何提出疑難的人聽後都有相同反應。

由於自己的主張過分乾脆地被接受，此乃意想不到的事，因此可能會中斷對丈夫的抨擊。非但如此，有些提出問題者，反而會發怒而找解答者算賬。也許有些人的態度一百八十度地轉變，告訴對方說：「不！我丈夫也有好的一面。」如此而回過頭來替丈夫辯護。或許解答者早已料到提出問題者的反應，因此會說：「那麼回去與丈夫好好談談吧！」

一般頑固的人，常常執著於某些行動，亦即是經常採取違背周圍人士共同意見的行爲。但若自己的意見輕易得到周圍人士的贊同時，他反而對自己的行爲有所懷疑。

49 若對方透露出「已知我方情報」的口氣時，是企圖造成鬆懈之心而得到新的消息

算命的相士面對著一位公司職員說：「你正爲工作的事情煩惱，對嗎？」

有位大名鼎鼎的相士曾經告訴我，前來占卜的客人，大部分都會自己攜帶解答來。對於這些猶豫不決、缺乏自信的客人，給予適切的鼓勵，這即是相士的職責。

一位疲倦不堪的薪水階級前來占卜，大致上可以想像對方是爲了工作、家庭或是經濟而煩惱。由於薪水階級或多或少都有工作上的煩惱，因此，當你鐵口直斷地說：「你必定是爲了工作而煩惱。」這會讓對方大吃一驚。當然，前面相士的一番話是一種謙辭，事情也許不是如此簡單。雖然煩惱都有一定的形式，但也要累積多年的經驗，才能以敏銳的直覺識破對方的苦惱，接下來才一步步地刺探對方的消息，最後提供妥善的解答。只憑這些已足夠成爲

傑出的情報分析家。所以，這些相士能得到相對的報酬，也是理所當然。

但有些居心不良的相士，對於前來占卜的女性，假裝早已洞悉她們弱點，企圖讓對方一一透露自己弱點。比如：告訴求籤者說：「原因在於令尊吧！」利用巧妙的手法套出「對方的秘密」，被抓到弱點的女性，當然會任其擺佈了。

除了占卜外，有很多事情都可以利用這種圈套。譬如：某大事業正在進行，但有人不明白確實地點，這時，他可能會對承辦人說：「這一次要進行的那些地點是……」利用手中現有的情報，僞裝早已了解此事。如果對方沒有識破他的企圖，可能在無意間告訴他：「關於××街的企劃，雖然我也不是十分了解，但是……」如此這般地把事實洩露給別人。

這卽是所謂的「套出秘密」或「誘導詢問」之手段，亦卽是把不知道的事情，僞裝早已明白的詭計。這是一種極高明的手段，雖然不是百分之百成功，但如果遇到高明的人，卽會讓你在不知不覺間洩露重大消息，可以說，要識破這種企圖並不容易。如果對方以曖昧不明的語氣進行會話時，應事先提防，也許自以爲沒有把對自己不利的消息透露給對方，但說不定對方已掌握到確實的證據。

50 以疑問語氣發問者，是想將強行下達的命令，讓對方以為是自己所下的判斷

下令將屬下調職的上司說：「多年來，你對營業部極有貢獻，現在，想不想換個工作環境？」

同樣都是下達命令，但如果以「無論如何，要達成本月份的銷售配額」、「你要用功」、「不要慢吞吞的，快點走」等強烈語氣來命令對方，往往讓對方起反感。畢竟命令是屬於片面的溝通，不適合催促主動的行爲。若眞希望對方依照我方的企圖來行動，婉轉的說服也許更具效果。

一般來說，公司上司如果以命令語氣來使喚部下，很難獲得人心，卽使部下表面服從，也不可能心悅誠服。擅長駕馭部下的主管，熟知此種人類心理，因此會把明顯的命令與疑問

型的命令巧妙地交替使用。

例如：在正式下達人事調動命令前，上司會召見部下說：「多年來，你對營業部貢獻很大，現在，是否想換個新環境？」利用這一類的表達方式暗示職務的調動，這卽是所謂內示的方法。

但有的上司會以更委婉的方式來說服部下。比如：「我記得你是C地人，你到B地工作，令尊令堂一定很不放心吧！」如此地提出與工作似乎無關的話題。這時，如果你以為上司對自己如此關心而掉以輕心的話，往往在三、兩天後，便會接到移調C地的通知。

以接受命令的這一方來想，卽使上司不採取強硬的命令口吻，而以疑問型的語氣對自己說話時，最好視其爲某種命令下達的前兆，這才是明智之擧。如同上述，委婉地表達或疑問形的命令，往往被利用爲高明的心理戰術，以此爲誘導部下朝上級所希望的方向去做，同時讓部下認爲是自己所下的決定，企圖使他發奮圖強。

總之，利用疑問型的命令方式來誘導對方，可使部下的抗拒降到最低程度。

51 會話中保持沉默者，

是想使對方猜不出其真心而增加壓力

當令人厭煩且無能爲力的部下對上司提出無聊的詢問時，上司可能：「……」

在自我主張受到肯定的現代社會，「沉默是金」的至理名言已被淘汰。但縝密思考，會發現適當的沉默，常常發揮意想不到的效果。也許現代人總是喋喋不休，所以「刹那間的沉默」，有時具有奇效。

事實上，不少名演說家，在演講過程中會適時地表現沉默。有位著名的獨脚雄辯家兼政治家，每當上台演說時，不會喧聲奪人，反而以幾乎令人聽不到的聲調開始演說，這卽是他的拿手戲。另有位著名的作家兼語言專家，他在座談會或演說中，也經常採取這種技巧。

當今社會中，也有不少沉默的高手。在相聲的笑料世界中，說話中瞬間的停頓也相當重要。這種「停頓時間」，也是發揮沉默的效用。很多受歡迎的幽默大師，卽擅長利用停頓時間來達到完美的效果。

在推銷領域中，出人意料的是，木訥的人竟然也能成爲一流的推銷員。這些木訥者在言談中偶而保持沉默，反而令對方因猜不出其眞意而感到不安。於是在忐忑不安、焦慮之餘，會主動要求他說明產品。這一來，正好中了對方的計。

根據調查統計，在吊橋上追求女友的成功率較高，這也是利用所處的環境引起對方的不安，其與沉默而造成不安的效果如出一轍。

在行動方面來說，冷落與忽視也能達到同樣的效果。比如：我們可以故意忽視對方來折磨人，甚至把對方逼得走投無路。受到這種對待的人，內心一定不好受。一種不安，往往會引起種種的不安，最後讓人接受最惡劣的現實情況。一旦落入對方這種圈套，其後果不堪設想。

52 提出容易接受的條件，

以減輕心理抗拒，接受下一步無理的要求

想購買昂貴的毛皮服飾，但又怕被丈夫指責的妻子說：「下星期日，我能否接受朋友的邀請，參加毛皮展示會呢？」

相信以下這種經驗，人人都曾遭遇到。當對方向你借百萬元時，你會立即回絕，但如果只是借一千元，你可能會答應。但這一千元往往成爲借他一百萬元的導火線。因此需要提防。人的心理都有相同的結構，也許你會拒絕巨大的負擔，但對於些微的要求，即使很不願意，也有考慮的餘地，一旦成習，便會接受更大的要求。

如同上述一般，我們起初也許會拒絕對方無理的要求，但如果習慣接受些小的要求，往往連較大的要求也接受。美國史丹佛大學，曾對這種心理結構做過實驗，且獲得證明。

簡單條件的提示，是企圖使對方接受無理要求的伏筆。

該大學以某地區的主婦為消費者團體對象，經常與她們保持連絡，然後發出「在廚房使用何種肥皂」一類簡單的調查。接著，以「擴大調查」為由，要求參觀。事實上，當初曾直接要求「參觀府上」，但當時同意者只佔二二・二％。不過，僅隔了一層調查表緩衝而得到允許的比率，却節節上升到五二・八％。此調查結果，暗示一個人在接受細小的委託時，通常不會立卽回絕。

例如：上司說：「只要一、兩個小時就夠了」，要求部下假日來加班。如果你以為這是芝蔴豆大的小事而接受，不知不覺中習以為常，說不定星期日如同平日一般，也要按時上班。

53 重覆對方的說詞，是想封鎖對方說話

在壽司店裡，食量大得讓上司感到頭痛的部下，對上司說：「課長，這生魚片眞是可口！」「哦！可口嗎？」「簡直入口即化！」「哦！入口即化嗎？」

前不久，曾無意間聽到學生們這麼一段會話。「瓊瓊眞是可愛極了！」「可愛嗎？」「眞有味道！」「有味道嗎？」

演員瓊瓊是大學生的偶像，而他們似乎對這位女演員在品頭論足。乍聽他們的談話，會以爲有一個稱讚瓊瓊的可愛，而另一方也表示附和。但看到這兩人的表情後，才發現不是那麼一回事。說瓊瓊可愛的那位學生，表情和顏悅色，但另一方却面無表情。

非但如此，這位面無表情的學生，似乎想早點結束這話題，可能是該學生對演藝圈的事

不感興趣吧！但他不回答：「知道了，我們換個話題吧！」反而把對方的話重複。

根據歐美人士的看法，東方人民不喜歡直接表達自己的意見，尤其想否定對方的話時，這種傾向更是明顯。也許因為如此，所以經常在會話中，雙方迂廻相對。我自己也有過類似的經驗。在某一次講習會結束後，我與學生做了如下的會話。

「老師，我以前都不知道，原來香煙的氣味還眞不錯呢！」

「哦！眞的不錯嗎？」

「尤其餐後與起床後來一根，眞是快樂似神仙。」

「哦！眞的是快樂似神仙嗎？」

也許當時我沒發現，但事後回想起來，我是有意要否定對方的話，因為本人並沒有抽煙的習慣。

看對方得意洋洋地談個不停，為了讓對方感到焦躁，只好把對方的話「照樣重複」。事實上，這也是一種言語圈套，如果你忽略了這一點，受到排斥的也許不在你的言語，而是在於你自己。

54 「大聲疾呼」與「輕聲細語」交替，是想擾亂對方，控制說話的主權

社區長與當地知名人士會談時，可能會說：「哇！哈哈！爲了本區的繁榮，我當然要盡心盡力。（小聲說道）對了！關於那些事……」

人們常說：「會議中，大聲疾呼才是勝利者。」這是因爲聲音大小，具有擾亂對方會話的作用。比如：大聲呼叫與狂笑的政治家或實業家，不論其說話內容如何，至少比起音量低的人給人留下豪放磊落與大膽的印象。事實上，在某種意義下，會話具有密室性，如果大聲疾呼，會摧毁這密室性，也許大聲可讓對方驚訝，但反觀大聲疾呼的人，是企圖利用「威嚇效果」讓自已處於優勢。

那麼，向來聲大如雷的人，如果突然變得輕言細語，會帶給對方何種反應呢？一般而言

大聲疾呼與輕聲細語交替使用，是企圖掌握說話的領導權。

，「輕言細語」讓人連想到悄悄話或秘密。因此，當對方忽然降低音量時，卽使不是重要內容，也會讓人自然而然去細聽話中內容。

愈是大聲疾呼，其接著而來的輕言細語也愈具效果，這卽表示兩者間有相輔相成的效果。因此，在會話中想領先一席，最好聲量大小配合無間。簡單地說，先以大聲疾呼來威嚇對方，再以輕聲細語來吸引對方的注意。把威嚇與引起注意的效果交替使用，亦卽是利用兩者間的差距，讓對方疲於奔命，完全亂了陣脚，這便是大聲疾呼與輕言細語輪流使用的企圖所在。

日本前首相田中角榮，一下子揮弄扇子高聲疾呼，但一下子又把扇子貼到對方耳邊低語，也許他卽是靠這些姿態來引人注意。

使男人迷惑的名言

＊男人不可能經常是女人的朋友，除非他另有心愛的人。

劉夫人

＊不論男人多麼努力地工作，在他心中一隅仍隱藏著女人；換言之，女人是促使男人工作的最佳懸賞。

納沙頓

＊計劃時，大家都敢當惡人；一旦實行時，皆變得怯懦無能，且自稱是誠實。

蘭克羅

＊認眞戀愛的男人，在情人面前會顯得笨拙不安，幾乎人緣不佳。

康德

＊女人只記得令她發笑的男人，男人却只記得讓他哭泣的女人。

雷涅

＊有時候，與其被愛人說實話，不如受他的騙來得幸福。

拉・羅薛佛格

＊希望被愛的話，說話宜謹愼。因爲啓開愛情心扉的鎖，即是「秘密」。

佛羅里安

＊冷淡的男人比熱情的男人更容易爲女人所痴迷。

屠格涅夫

＊過於理智的情人，不算是情人。

湯瑪斯・哈第

＊男人旣然不了解女人的內心，當然也無暇顧及對方的美貌。

史丹達爾

Ⅲ

是否受這些言語影響，而強迫接受片面的判斷

55 對方的誇張不滿，是想以此封鎖我方的不滿

想隱藏自己不善於烹調的主婦說：「先生總是批評我不善於烹飪，所以也許不合妳的味口……」

由最近好友買下一棟房子的故事之中，使我深深體會到人心的微妙。這對夫妻前往市中心的建設公司準備購買房子，出來接洽的是年約四十，看來誠實可靠的一位男職員。對方出示幾件房屋資料後，說道：「依您的預算，在○地附近正好有合適的房子。」然後把藍圖給這對夫妻看。地點雖在郊區，但由於獨門獨院，且外觀高雅，太太興沖沖地想早點看到這棟房子。

該職員迅速地察覺到對方的意思，立即附上一句令他們吃驚的話：「其實，這棟房子我們不大願意賣給你們，雖然價格公道，但交通也許不便，到火車站需要一個鐘頭。同時，附

近沒有幾家超級市場。」聽了這些話，夫妻兩人反而對這職員充滿信心。一般人都有先入爲主的觀念，以爲建設公司都是掮客。當然，這對夫妻早已存有戒心，必定愼重聽取房屋的說明。但聽到對方這番話後，原來的戒心化爲信心，覺得對方是「少見的老實人」，於是，雙方約好下星期日到工地參觀。

到達工地後，這對夫妻進一步地驚訝萬分，聽那位職員說過到火車站要一個小時，但實際上不到四十分。雖然找不到幾家超級市場，但附近倒有雜貨店。那時候，他們心中在想：「眞是一位老實而又保守的人。」於是我的好友對太太說：「這不就夠了嗎？」他的太太也滿意地頻頻點頭。

遷入新居數日後，這對夫妻面臨意想不到的事實。雖然當時認爲到火車站四十分鐘不算遠，但對於上班的他們來講，的確很不方便。同時，附近雜貨店的貨品不全，比起都市超級市場的物價高了許多。雖然他們後悔地說：「簡直住在陸地上的孤島。」但也無處發洩心中的不滿。因原先已知道諸多的不便，却又決定買下它。

該職員故意誇張此缺點，把與現實的缺點距離拉得更遠。但這種手法讓好友產生錯覺，以爲「其實沒那麼嚴重。」由此可知，故意誇張缺點的人，不見得是謙虛的人，甚至企圖使對方喪失判斷缺點的能力。

56 利用「錯誤前提暗示」，導向有利於自己的解答

好大喜功的刑警說：「你在B地看到A犯人，是在晚上七點，還是九點？」

在某種意義下，沒有比詢問調查更不可靠的事。因爲承辦人可能以某企圖來進行詢問調查，導出有利於自己的結果。比如執政者想得到「大部分國民滿意現在的政治」之結論。只要提出如下的詢問，卽可獲得預期的囘答。「現在，九〇%的國民屬於中產階級家庭，過著無戰爭的和平生活，不知您對現在的政治是否滿意？」

但，如果您的詢問只是：「是否滿意目前的政治？」其結果差異頗大。「現在九〇%的國民屬於中產階級的家庭，過著和平的日子」，此前提無形中給囘答者樹立了「和平」的形

象，這足以微妙地動搖不滿現狀者的心理，影響他們的判斷力。

在正式輿論中，若給回答者樹立先入爲主的觀念，卽屬於「揷上偏見」的行爲，這種得不到正確結論的調查，易受到排斥。換言之，在一般馬虎的輿論調查中，才會給回答者「樹立偏見」，擾亂其判斷力。

此外，這種手法在法庭上也經常可見。企圖摧毀被告不在現場證明的檢察官，有時卽採用這種手法。譬如詢問被告說：「你在幾點前往案發現場？是四點？還是五點？」這四點或五點卽給被告先入爲主的觀念。雖然正確時間是三點，但往往讓被告回答「在四點」或「在五點」，這種方法，卽是前面提過的「錯誤前提暗示」。亦卽是事先向對方提供錯誤的消息，企圖讓對方的判斷力趨於遲鈍。

這種詭計，在商場上當然也大行其道。所以，發出附有前提詢問而強迫我方提出結論的人，極可能是想誘使我方犯下錯誤的判斷，這是由於人很容易受先入爲主的觀念所左右。因此，對此種詭計需要步步爲營。

57 提出片面的建議，

想以不容分說的確信，封鎖另一方的要求

希望以有利於自己條件來商妥的生意人說：「不論閣下看法如何，相信沒有一家公司可提出更有利的條件。」

天底下沒有一個人對自己有百分之百的確信，任何人對自己都有或多或少的疑慮。但如果對方以這人性的弱點，假裝信心十足地片面要求說：「責任在於你，應該如數賠償。」你可能會信以爲眞，不知不覺間任由對方擺佈。

比如洽談生意時，雙方面臨僵局的情況下，即使我方希望以有利於自己條件來簽約，但只要對方一說：「不論閣下怎麼說，我們無法提出比這更有利的條件。如果您不信，可到其他公司打聽。」這些話會讓我們認爲「果眞如此」，使得本來已準備好的條件也難以啓齒。

當對方先發制人而提出片面的要求時，足以動搖我方的決心，使我方無法表達初衷，這即是封鎖對方要求的手段。姑且不論前述商人言語的眞僞，至少，他已爲下一步的交涉，鋪上有利的路。

典型例子便是交通事故。一般說來，車禍的責任在於雙方。但是惡劣的司機，爲了攻其不備，來個先發制人，把責任片面地推給對方。譬如這麼說：「別開玩笑了，把你的駕照拿出來看看。」以此類的說話語氣，讓對方錯覺到是自己不對。換言之，即是以緊迫盯人的方式，一味地把錯歸于對方。

當對方片面地攻擊我方過錯時，卽使明知責任不完全在於自己，也會道歉說：「是我不小心。」對方馬上抓住這把柄，得寸進尺地一連串指責你的駕駛技術欠佳或違反交通規則。這麼一來，自己愈來愈失去反駁餘地，最後，全面接受對方的說辭，而答應其所提出的賠償。像這樣，在彼此主張對立時，往往會片面地提出要求，企圖封鎖對方的攻勢。

因此，在雙方意見發生衝突時，如果對方提出片面的主張，最好認爲那是一種心理技巧的應用。這時，要隨機應變，採取適當的措施，迅速請第三者做公正的判斷。

58 會話中常說「所以」者，

想藉此表達自己言之有理

想爲自己深夜不歸而狡辯的丈夫說：「所以我不是說過了嗎？因爲工作太忙，無暇打電話，也就是說，忙得不可開交。」

當我們聆聽被公認說話合乎邏輯人士的演說時，可以發現幾個共同點。其中之一，即是利用「所以」的說話技巧。一般而言，常利用「所以」或「也就是說」等一類論理接續詞的人，在對話中往往出現勉強合乎邏輯的理論，此道理並不難了解。譬如與某人約會時，如果因不可抗拒的理由遲到或爽約，你會惶恐不安地說：「對不起。」但如果因「麻煩」而故意爽約時，你可能會以「所以」、「所以」來爲自己解釋。換言之，「所以」往往是在爲虛假理由做強辯時使用。

頻頻使用「所以……」，是企圖讓毫無根據的意見通過。

當然，「所以」這個接續詞，本來作用是承接前面的話導出結果，亦卽是把原因與結果依照邏輯程序加以連續。利用「所以」，可讓對方了解事物間的因果關係，也因其依照邏輯程序而讓人更容易了解對方的話。這種手法在許多場合中也被反加利用，把實際上不合乎道理的話，顯得似乎合乎邏輯一般，聽起來還頗有份量呢！

喜歡一開始便說「可以……」的人，是想把這句話前面應有的前提條件僞裝早已知道或已經過承諾；也就是說對於「因爲A，所以B」的A部分一字不提，一味地強調「所以」，讓人錯覺是不容分辯的正當理由。因此，當對方頻說「所以」或「也就是說」時，最好懷疑對方的話是否合乎邏輯。

59 将別人的意見加入自己的想法，是假裝尊重他人的意見而掩飾盜用別人巧思的作法

「在會議上，聰明能幹的職員在被要求發言時說：「我的想法與A先生大同小異，但對於這一點，我卻……」

對於商業人士而言，不用說，企劃能力與創造力是他們的有利武器。因此，提出新產品開發與作業電腦化的構想與企劃的職員，極受到上司的賞識。但是這種企劃能力與創造力並非一蹴可幾，故有些人利用巧妙的心理戰術，把他人的功勞佔爲己有來向上司邀功。對於這種人，千萬不可掉以輕心。

譬如某公司正召開企劃會議，在這種場合，當然平時被認爲能幹的職員會趁機表現一番，大放厥辭。這時，在場的職員如果只是投以欣羡的眼光，那更是反映出自己的無能。但面

臨此種勁敵，又能如何自我表現呢？其實也不難，有些乍見之下精明能幹的職員，會先讓公司內能幹的職員提出意見，等他們結束高談濶論後，看準適當時間，自己站起來發言：「我一直在考慮與他們相同的意見。」使那位眞正能幹者的意見彷彿是自己的意見，但只憑這些，只能算是追隨者而已，從下一步開始，才是一決勝負的關鍵。

對於「他的意見」表示贊同後，接著說：「雖然我們的想法相同，但如果再加上這一點的話，效果更彰。」以這種回答來追加額外的一些意見。當然，對於本來可能被採用的意見再加上其他的一些構思，更是沒有理由不被採納。非但如此，可能還會獲得更高的評價。

但要注意的是，此時絕不可批評對方的計畫，如果抨擊對方的意見，當然，對方也不甘示弱地力加反駁。所以，最好是稱讚對方，讓對方滿足與安心。亦卽是看準對方的心理弱點來增加自己的企劃。

若意見被採納，那麼應該歸功於誰呢？當然不會是最先提出意見的人，而是最後加上一些額外意見的人士。在會議等場合中，愈後面發言，其評價也往往愈高。這是不可思議的現象。把別人的意見加上自己的意見來發表，讓人錯覺那是出於自己心思，很容易被上司接受。

然而，這種手段很容易被眼光敏銳的上司所識破。因此，與其有時間去盜用他人的構思，倒不如自己費點心思，創造別出心裁的巧思。

60 開頭便提出幾個問題重點的人，是想讓自己的言語顯得有道理

喜歡誇耀自己才能的經濟評論家說：「台灣經濟將面臨的問題重點有三，一是……二是……三是……。」

前些日子，我與一位多年不見的企業經理朋友聊天，結果發現一件事實。這位朋友在年輕時代，常被伙伴嘲笑說話遲鈍，但今天的他却要令人刮目相看了，不但說話圓滑，且具有相當的說服力。當我問其原因時，他羞赧地說：「只不過把話顯得有道理罷了。」不錯，善於會話技巧的人，即使毫無根據的謬論，也會把它說得像是至理名言般，讓對方無抗拒的餘地。

要把話說得言之鑿鑿，有不少手法，但最尋常的是，在說話一開始便說：「問題重點有

幾個。」這裏，便出現一個值得探討的問題，也就是該把此問題重點訂爲幾個較妥呢？根據某著名評論家的看法，認爲三個恰恰好。因爲兩個可能會被追究更多的重點，那麼四個的話，又會讓對方直覺到這個是困難的問題。

所以說，三個恰恰好。經對方的提醒，我也同意這種說法。當我們對事物做總括性的探討時，這「三」的確發揮奇效。譬如當我們要寫一篇「日本現狀」的論文時，如果只一味地描述現在的日本，則失去說服力。最好是對過去與未來的日本輕描淡寫，最後再論及現在的日本。雖然理論上大同小異，但具有相當的說服力。換句話說，「三」這個數字，足以妙不可言地把事物的一切內容完全包含。

事實上，這三個問題重點是否眞的重要，那倒不見得。這種詭計的重點在於「問題的重點有三……」這句話，其以斬釘截鐵的強烈語氣表現，讓人眞的以爲「原來有三點」，這卽是人類心理弱點。

因此，當對方說：「問題重點有三個……」時，心中要存疑，猜想對方是否企圖把虛假的話變得言之有物。雖然有時候眞的有諸多的問題點綴於言語中，但也不能保證那不是掩飾不合邏輯的言語或遮蓋矛盾或重點所採取的欺騙論調。許多評論家或政治家對這種議論方法有所偏好，因此不妨藉電視座談會研究他們的會話，說不定對方卽是玩弄這種詭計呢！

61 喜歡引用數字的人，

是想利用數字的客觀性，使主觀變為客觀

想追求大學女生的男士說：「據資料顯示，二十歲以下的女孩，只有三成沒有性經驗。一般而言，十八～二十歲的女性，有七成不是處女。」

有很多政治家，他們同時也是雄辯家。演說技巧上出類拔萃的其中一人，便是日本前首相田中角榮。雖然他的聲音渾濁而大，且說話風度也不十分瀟洒，但却能吸引聽衆。有人說，他的秘密武器卽是時常引用數字。尤其當他以具體的數字提出國民生產毛額與國民所得時，更是令人心服口服。

由這件事也可以了解到，附加具體數字，可以增加言語的客觀性及可靠性，藉此來加強說服力。譬如百科全書的推銷員到了府上，極可能提出「這社區八〇％的家庭已經購買」，

這句話讓人也想「最好自己也買一部」。追求女人的情況也相同，在富有羅曼蒂克氣氛的場所，如果男方以逗趣的口吻說：「二十歲的女孩，只有三成是處女。」這時，對方如果仍是處女，會以為自己跟不上潮流。如此一來，很可能中計而答應與對方共赴巫山。

為了提高言語詭計的效果，最好使用精密的數字。比如在會議中，某議員提出：「現在物價上升為×・×%。」人人會以為他有相當的研究而表示佩服，甚至一味地相信這議員的言論，這便是人性的弱點。同樣地，可以把這種數字效果應用於商場上。比如在新產品企劃會議上，以精密的數字，發表市場調查的結果，「根據市場調查結果，市區內七六・八%的家庭中……」僅憑這些，即足以令聽衆震撼，以為「原來如此」而深表滿意。換言之，這是以提高言語的可靠性，且抬高對其企劃案的評價。

日本是禁不起數字說服力的國家，曾經有一種牛奶糖即以「一粒三百公尺」為口號而造成暢銷。表示口含一粒牛奶糖，足以享受三百公尺的路程。所以在會話中頻頻引用數字的人，最好對其敬而遠之，或是冷靜研判對方的企圖何在。

62 時常引用「這個」「那個」指示語的人，

是想偽裝事情已得到承認，企圖使小事變大

當企劃員想讓人以為這是劃時代的產品時，可能會說：「這便是應用那技術的產品，因為是那個天才想出來的，因此必定暢銷。」

言語本來是傳達說話者的意思，但有時也具有弦外之音，為此推波助瀾的，則是「那個」、「這個」等指示語。

若是說：「這個即是那個造成熱門話題的商品」。雖然只添加「那個」，便能使商品顯得格外出色，因為「那個」會強調緊跟著而來的言辭。在週刊雜誌上，經常可以看到「那個×××……」一類的辭句。事實上，這個×××已是過氣的明星，但只要加上「那個」，就足以讓其改頭換面，再度給觀衆留下新鮮的印象。「這個」、「那個」等指示語，能把陳腐

頻頻使用「這個……」、「那個……」，是企圖讓對方錯覺內容已被「承認」。

的事物煥然一新而造成新鮮感。頻頻使用「這個」、「那個」的人，即是想利用這指示語所具備不可思議的魔力，企圖把自己想說的話讓對方銘記在心。

換言之，「這個」、「那個」等指示語，即是暗示對方說：「不是別的，就是那個……」「不是別的，就是這個……」是使言者與聽者雙方的承認爲前提的言語技巧。因此，若說話者故意使用上面附有「這個」、「那個」等指示語的言辭時，會使聽者錯覺這句話所代表的事物，曾在某時或某地已被自己充分地承認，這便是「這個」「那個」等指示語所具備的魔力。利用這種魔力，將本來毫無特色的陳腐事物再三利用，便會顯得那是世上所公認的事物。

63 利用一般論來進行會話者，是企圖藉此堅持己見

對於父母堅持反對自己婚事的女兒，可能會說：「什麼時代了，相親未免太落伍了吧！現在社會，婚姻都由當事人做主！」

最近，適婚年齡的女兒，衣著講求華麗；讀高中的兒子，也開始交女朋友；讀小學的次男，也要求買家庭電腦。雖然這是一般家庭常見的小事，但食古不化的父親也許無法忍受，只好大聲吆喝：「你們到底有完沒完，行爲能否像個小孩。」但兒女們往往回答說：「爸，您太落伍了吧！」

不論是否跟得上潮流，天下父母心，誰不疼愛自己的子女。但是，孩子們總喜歡強調與其他父母間的差異或是時代潮流，企圖使自己的要求正當化。總之，現在的小孩已精通把自

己的要求變爲一般論的「言語詭計」。

非但是孩子，任何人在想使自己的主張顯得正當時，會把其主張變成一般論。基於某種意圖而使用一般論的政治家，如果被人攻擊言論過於偏激時，便會說：「本人只不過是提出一般論，並不是以特定事項爲對象。」如此巧妙地閃避對方的攻擊。如果其言論一開始即面臨困難時，則會事先聲明：「這是屬於一般論。」而給自己找台階下，繼而發表自己的言論。這可能是因爲人的心理有極端畏懼與一般偏離的傾向。換言之，這種「中產意識」至今仍受人歡迎，也許中產在當今社會屬於一般論的緣故吧！

早上先生上班時，太太或許會撒嬌地說：「你幾時回來呢？希望偶而能像其他的家庭全家一同吃晚飯。」又在車廂內，也偶而看到「三十當自立」的廣告。此外，到了公司時，課長可能會申斥道：「怎麼？企劃書還沒有寫好？一個晚上都寫不出來，還算是合格的職員嗎？」等你好不容易上完一天班想回家時，同事又會拍著你的肩膀說：「我們去喝一杯！如果忽略朋友的交際是會被冷落的哦！」像上述這些「三十」、「合格的」、「被冷落」等，都是加上一般論來強調自己的主張。愛揭櫫一般論者，不過是想把「希望屬於多數」的人類心理帶來安心，企圖強迫對方接受自己的主張。

64 強調「委託事情艱難」的人，

是想引起別人「虧欠」的心理，並抬高自己的身價

想把自己顯得像名醫一般的蒙古大夫，可能會說：「好在你及早來找我，看起來雖然像是普通小感冒，但極可能引起肺炎。」

有些交遊廣濶的幕後實力者，常把所託事宜居間介紹給政治大人物。事實上，對於這些實力家，即使饋贈豐厚的贈禮，他們不見得一口答應你的要求。第一次有事相託時，他們會聽聽對方的要求事項，但大部分都一口回絕道：「這事不簡單，你還是死心吧！」但由於委託者已無計可施，便只好再三地哀求：「希望您能免爲其難，幫我這次忙，即使行不通也無所謂。」經過幾次以「這事情相當棘手」而加以回絕後，這位實力人物才終於說：「既然你如此地堅持……」好不容易勉強答應對方的要求。

本來，委託者打算以十萬元做爲報酬，但每與對方見面時，總是受到對方的回絕，因此，只好把酬碼節節提高。最後，心中會想：卽使報酬一百萬也是理所當然，這正是中了這位實力人物的圈套。如果不費吹灰之力，而「輕易接受」對方委託事宜，彷彿降低自己的身價。這位實力人物卽知道盡力推辭，強調事情的困難，藉此以抬高自己的身價。

諸如此類的事情，經常可見。譬如有事委託公司資深的職員，原以爲這種小事對方會一口答應，豈料對方竟然回答：「總經理託我辦件事，我現在忙得不可開交。」當委託者在失望之餘，想放棄一切時，對方却挺身而出，說：「我會盡量替你想法子，旣然是你的請求，我責無旁貸。」聽到對方這麼一說，突然覺得這位替總經理辦事的職員身價百倍，令人刮目相看，甚至以他爲榮。

事後，你也許才發現到，他只是替總經理辦些莫名其妙的事。那麼，對方爲何要說得煞有介事一般呢？這可能出於前述的心理，亦卽是一般實力者爲了抬高自己的身價，有時會自稱替上司辦重大事件，藉此誇耀自己的才能。這些實力人物往往把微不足道的事渲染得像天下大事一般，企圖抬高自己的身價。

65 會議上最後發言者，

是企圖利用「新近效果」，讓自己意見通過

想在衆說紛云的會議上讓自己意見通過的人，可能會說：「我一直細聽各位的意見，總括起來，即是說……」

我曾於某績優公司職員招考中看到一樁有趣的事。有位應徵者知道自己筆試成績欠理想，爲了於面試中挽回敗局，他決定採取詭計，給主考官留下深刻的印象。面試中，由主考官出一題目讓應徵者表示自己的意見。該應徵者只是一心一意地靜靜聽取他人的意見，最後，綜合他人的意見而發表言論。

經過紛紛議論後，他終於開口說：「我總括各位的意見……」如此而展開一場激烈的議論。由於對方從容不迫，令在場人士目瞪口呆。無可置疑，他輕易地被錄取。他之所以能夠

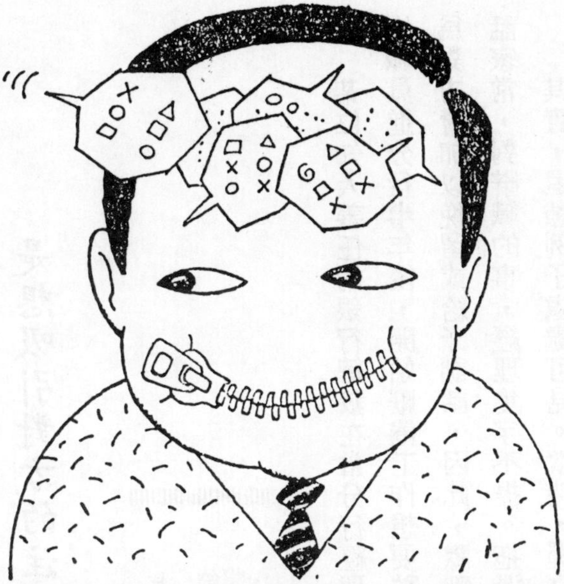

會議中最後發言，是企圖讓自己的意見通過。

脫穎而出，乃是巧妙地應用心理學上所謂的「新近效果」。

換言之，一個人得到各方的消息時，往往會被最後提出的情報所左右。這明白地顯示，消息是否能被接受，除了其內容以外，也要考慮到其被提示的方法。

凡企劃會議或討論會上，我們常看到有些人默默不云，埋頭做筆記。如果認爲這些人是消極的，可就大錯特錯。他們洗耳恭聽大家的意見，到會議結束前才從容地將他人意見綜合，狡猾地自我表示意見，由於意見包羅萬象，往往成爲會議結論。諸如此類，一些企圖使自己意見得到通過的人，在會議席上常按兵不動，避免激烈辯論，待會議終了前，才冒然挺身而出，大放厥辭。

66 喋喋不休說些不著邊際的話，是想吸引對方的注意而使人忘却主題

上司接見想轉業的部下時，不妨說：「嗨！讓您久等了，這次企劃極爲厤煩，不知你有何意見，我看，這企劃想成功，首先要……」

某位知人善任的銀行總裁在當分行經理時，現在的總務經理正是當時新進的職員，但這位職員進分行半年後，開始厭倦工作想要辭職。在十二月的某日，經理邀他共餐。該職員以爲對方會加以挽留或給予訓話，因此，默默地等待經理發言。只是他們的話題一直停滯於閒話家常，對辭職的事，經理隻字不提。拖過十二月以後，該職員也不想辭去工作。

其實，這種例子處處可見。當時，那位總裁並無不良居心。但有時，惡人會利用此種詭計，讓對方忘記不利於他的事。以下爲您介紹一個故事。

某工廠的職員以有事相商爲由，邀老板於咖啡廳見面。事實上，老板已猜想到對方要借錢，但因工廠經營不善，無法一一答應員工的借貸。到達咖啡廳，老板馬上說：「抱歉，讓你久等了，這次承包的工作非比尋常，不知你有何高見？」這一番話似乎忽略了員工邀請他前來的目的，但也讓該員工細聽他的言論而忘了借錢一事。果然，員工的思緒被老板的論調所吸引，而被迫協助工程的重建。

我的學生因爲婚事遭到父母極力反對，找我商量。學生父母的態度與前述老板相同，只要兒子一提到婚事，他們便裝作若無其事，不予理會。不是請兒子坐一下再走，便以「你還年輕」把事情打發。

後來，我提醒那位學生要明白父母對他的關心，因爲愈是積極地閃避當前問題，愈表示對該問題的關心，所以不用畏懼對方這種漠不關心的態度。最好暫時不追究對方，同時，自己也假裝不再執著，盡量以輕鬆的步調進行溝通。果然，這樁婚事獲得男方父母的同意。

67 假藉第三者的傳述，以加強公信力，意圖散播謠言

企圖讓競爭者垮台的男職員說：「A課長，你知道嗎？我聽說營業部的B先生與會計課的C小姐正打得火熱。」

十年前，身分不明的「裂嘴女怪物」出沒的謠言傳遍日本全國。由於這次的謠言，令人深深覺得散播謠言的可怕。值得注意的是，純屬虛構的事會令人信以爲眞，理由之一是因爲「朋友的朋友」介入其中。所以說，沒有比假藉第三者的傳言更能使謊話變成眞。換言之，從第三者口中傳出的謠言，更具有說服力。

譬如：在社區常聽人說某家先生感情走私，如果話中加上「聽說某家太太親眼目睹……」則更能加強事情的眞實性。不少人爲了擊垮競爭者，會不惜一切採取這種卑鄙手段。

我曾見過這麼一個例子。某職員宿舍會傳出會計課長侵佔公款的消息，這應該是對他不懷好意的職員放出的風聲。沒想到這消息很快就傳到董監事耳裏。由於對方是位忠厚老實的人，他會覬覦公款，令人感到不可思議。細加分析才發現，這謠言會讓人信以爲眞，是因其天生認眞的性格所致。也由於他平日工作認眞，因此這消息更帶給人們震撼。對這件事推波助瀾的重要因素只是一句：「這是我聽到的消息。」

雖然沒有擧出傳聞者的姓名，但已威力十足。以「我有點風聞」的方式來透露消息，會讓人以爲這是衆所周知的事，只有自己後知後覺而感到不安，自然會對這消息表示深切的關心。一旦聽過之後，會迫不及待想把這消息傳給別人。

後來，那位會計課長的無辜得到證明，且本人也承認「受人懷疑，自己也有責任」。但這一事件，反而使課長的身價大爲提高，這種結果，必讓那位陷害者大失所望。

68 談話中高舉權威者的名字，

藉「威勢效果」以使自己的意見顯得突出

想掩飾自己無能的學者，會說：「我這個學說，正符合美國哈佛大學○○教授的主張……」

很多商業廣告，常藉著名人的推薦來強調商品的優良。如電視上的咖啡廣告，即是請當代紅星來宣傳。

此外，夾在報紙內的一些健康食品、美容或減肥海報，也是採取這種廣告手法。可以說，這些海報都是藉著某位名醫學博士的推薦，利用各種傳播媒體介紹給各位。其中，粗劣的商品為數不少。這些利用權威人物來推薦商品的銷售手腕，被稱之為「聖經商」而受非難。

事實上，任何人都禁不起權威的誘惑，卽使是無足輕重的產品，只要看到有名人做見證，自己也會信以爲眞，商業界的人士便常利用這手法展開不實際的推銷戰術。

不少營業部人員，即利用某權威人士的引薦，或以「在美國造成暢銷」等口號，意圖推銷昂貴的廚房器具。

一個人往往無法憑知覺來感受眼前的一切事物。自我限制，避免承認對自己不利的消息，這在心理學上稱之爲「知覺防衛機構」。換言之，人們只想選擇對自己有利的消息。

商場上即使用名人或權威人士的推薦，把自己想傳達的事帶給對方知覺，這便是巧妙利用知覺接受的選擇機能。

如果想把平淡乏味的理念附予權威，使其具權威性而顯得格外出色，則倒是無可厚非。但如果藉此權威展開行銷騙術，那是令人作嘔。愈是低劣的產品，愈想藉著權威人士的言辭加以掩飾。

69 話前交代「這是衆所周知的事」，是想讓人意識到自己的無知

炫耀自己的才華，企圖佔優勢的學者說：「這學說頗富盛名，根據××博士的研究，說……」

很多人常以「這是衆所周知的事」或「這例子很有名」、「這是童叟皆知的事」、「相信這業界的人士都知道」等話做開場白。這些話的共同點，在於引用人人皆知的事實，再溶入個人意見來進行會話。事實上，在此言語背面另有文章。

比如對方以「這是衆所周知的事」來打開話匣子，但接下來的話，對你來說是「未知的事實」。一般來說，在此情況下，未知事實的成份多於已知的事實。但你會自認爲「大家都知道，只有自己不知道」，而積極地聆聽對方的話。如此一來，雙方出現自卑與優越的高低

先交代「這是衆所周知的事實」，是意圖讓對方感到自卑。

的心理，逐漸地，自卑的一方會捲入對方的步調。卽使你明白對方話中的內容，但不會給他造成絲毫的傷害，因爲一開始他卽以「這是衆所周知的事實」做爲擋箭牌，因此，別人不會認爲他在自誇，這眞是經過一番周詳的言辭詭計。

有位研究生卽中此圈套因而放棄學業。這學生原是品學兼優，教授對他也寄予殷望。不幸的是，學長嫉妒他的才華，每在交談時，總是再三強調：「凡是研究生，都知道……」

事實上，這位學長所提出的理論，卽使是煞費苦心的研究專家都難以了解。想不到這位研究生逐漸喪失自信，最後輟學。

70 說話過於形式化，讓人以為不主張自由構想，企圖限制對方的思考範圍

希望校慶時間學生能遵守秩序的老師，不妨說：「今天請各位前來集合，是希望在×月×日即將來臨的校慶中，一本過去良好的校風，讓這次校慶更多采多姿……」

不久前，我打電話給某報社公共關係課課長，希望透過幾位記者，讓我了解編輯報紙的秘辛。想不到這位課長滿口的官僚話，要求今後都要經由他的同意，才可以接觸報社記者，同時，要把聚會的時間、場所一一向他稟報。聽完他的一番理論，使我對這次的聚會興趣大減。

這位課長到底居心何在？後來，我細加探索他採取這種形式化態度的原因，也許他不希

望報社內部的事情向外洩露，只是礙於情面，勉強答應我的要求。換言之，他一味表現官僚主義，意圖要我遵守公共關係的一切規矩。這種衙門主義，在政府機構時常被採用。但話又說回來，對於不同類型的人，有時要採取固定形式來接觸，否則像窗口業務將變得極爲煩瑣。

人的想法或言論，往往因爲當時氣氛而受到限制，在形式化的環境中，個人自由的思想難以發揮。我們雖不要像前述那位課長或政府官員那般重視形式，但在有必要時，不妨也採用此態度來侷限對方的思緒。譬如老師希望學生在校慶守秩序時，不妨告訴學生：「今天請各位前來集合，是希望大家在卽將來臨的校慶中，一本過去良好的校風，讓這次校慶有更豐碩的成果。」

反之，採取開放的自由構想，可以廢除一切形式主義。近來，冒險企業盛行，有位企業界的朋友問我：「如何才能使公司發揮嶄新而獨特的構思呢？」這問題很簡單，只要改變鋪地毯設大會議桌的嚴肅氣氛，便可以使員工開放思想，自我表示意見。

71 以激怒對方，套出其「感情化的言辭」，來刺探他的真心

想刺探男友眞心的女人，不妨說：「你眞是沒出息，這樣一定不會受女人的歡迎。」

日本中曾根首相每當接受記者訪問時，總是強調「平常心」，亦卽是強調自己冷靜地下政治判斷。不知是否有人與我同感，我總覺得一再地強調平常心，似乎有些言不由衷。因爲一個人靜思時，絕不會說出眞心話。每當中曾根首相告訴記者：「今天我本著平常心……」反而讓我感覺對方在說：「我不會說出眞心話。」

想套出對方眞心話時，只要摧毀對方的冷靜卽可。許久以前，有位記者訪問田中角榮前首相：「您預料洛希德案會有如何的審判結果？」對田中前首相而言，洛希德案的審判是他

的致命傷。在場人士明知這一點，所以故意不提。雖然記者們採訪的主題都是洛希德案的審判，但深怕激怒田中前首相，也只好問一些無關緊要的財政問題，田中前首相也笑容可掬地回答。但後來有位記者竟然冒然地詢問到主題。

結果不出所料，田中前首相大發雷霆，使記者招待會暫告中斷。其中，田中前首相的回答，令我感到好奇。「你是哪家報社的記者？」這時，我彷彿窺探到田中前首相的內心，他好像在警告對方：「雖然我已隱退，但以我的權勢，還足夠打發你們這些小記者。」

若說田中前首相本著平常心做事，絕不可能說出這種言論。如果這位記者是有意激怒他，那不愧是個高明的記者。

由前例可以知道，想套出對方的眞心時，可以先激怒對方。當上司毫無來由地激怒部下時，也許是想刺探你的眞心吧！

72 會話中自言自語的人，

是想打斷對方的思考，企圖在談話中佔優勢

在接洽生意時，當局勢對自己不利時，不妨說：「等一等，現在幾點了？我約好三點整要打電話給董事長……對不起，你說到哪裏了？」

您是否在會議上或生意交涉時，還是與親友談正經事時，對方突然自言自語。如果您以爲對方眞的突然想起某事而中斷話題，那可是太天眞了。

因爲這種喃喃自語中，往往隱藏經過算計的圈套。想想平日對方突然喃喃自語的幾個場面，如果當時場面正好不利於對方時，那十之八九是屬於有心機的喃喃自語。簡言之，在此種情況下的自言自語，通常脫離主題。當你反問對方：「你在說什麼？」對方可能搪塞說：「不！不！這是我私人的事……」

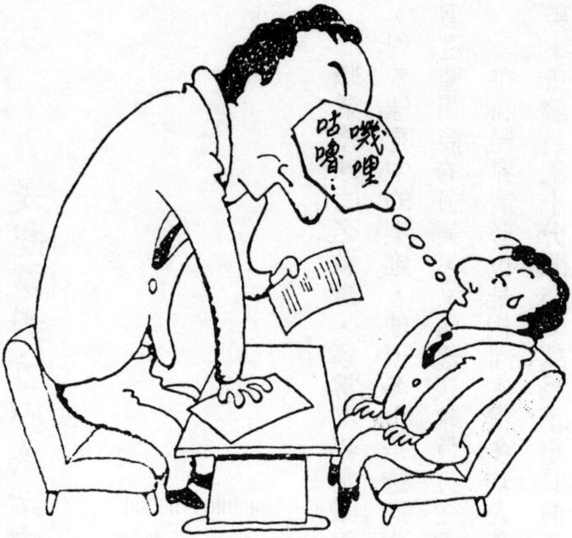

自言自語，是想擾亂對方的步調。

換言之，對方是爲了閃避對自己不利的情勢，而故意中斷話題來削減我方的氣勢。具體地說，當我方在會話中佔優勢時，如果對方顧左右而言他：「等一等，現在幾點了？我約好三點打電話給董事長……對不起！對了，你剛才說到哪裏了？」這種詭計足以嚴重擾亂我方步調。

但有時候也會出現與會話主題有關的自言自語，這可視爲是出自內心的呢喃。日本著名裸體畫家山下淸，即常自言自語道：「在士兵階級中……」這是屬於出自內心的自言自語。

73 過分地讚美，

是想讓對方以為話中有文章，引起對方的不安

為了爭取陞遷的同課職員，說：「你相當優秀，個性開朗，人緣又好，在公司十分活躍，我哪裏比得上你。」

職業棒球的名教練，通常不輕易讚美選手。日本西武隊的廣岡達朗教練卽是典型的例子。對於球賽中的英雄，他頂多也是透過大衆傳播媒體說了一句：「今天××選手很賣力。」但這種間接的讚美，反而讓該球員打從內心高興。

在商場界情形也是相同。很多知人善任的經營者，不輕易地讚美職員，因此，偶而的讚美，會讓員工十分開心，認為董事長眞正在關心自己，這足以提高員工的士氣。

任何人都希望得到他人的恭維，因為人皆具有「希望被讚美」、「希望被認可」的心理

。但奇怪的是，當自己被過分地讚美時，反而忐忑不安。譬如上司對你說：「你是個傑出的人才，人格完美、能力也強，希望你能爲公司盡力。」除非是極端自負的人，否則一般人對上司的讚美會抱有幾分懷疑的態度。況且，受人期待會造成心理壓力，當然內心會惶恐不安。

曾在東京奧運會馬拉松賽跑中獲銅牌的日本圓谷選手，於墨西哥奧運會的前夕自殺。這可能由於人們對其寄予厚望，造成他內心極端的不安。像這種過分的讚美，却引起反效果。心理學家H．G．基若特曾說，過分稱讚幼兒，會使他懼怕洩露不值得讚美的事情，反而造成他的愧疚。事實上，大人的心理何嘗不是如此呢？

一般人對於別人的稱讚，往往抱持雙重的心理，彷彿對自己充滿信心，但又對自己存疑，這是極令人感到不安的事。有些人卽針對這種人性弱點，過分地稱讚對方，企圖讓對方莫名其妙地感覺不安。

74 言行不一是想引起對方的關心，使對方留下強烈的印象

在約會或分手時，想引起男友注意的女性，不妨說：「你眞是討厭，我不想再看到你。」

外國人對東方的禮節有時感到莫名其妙，尤其在送禮時，明明是份厚禮，對方却謙虛地說：「這是微不足道……」這對於向來率直的美國人而言，簡直是不可思議。他們會懷疑「既然是微薄之禮，爲何還送呢？」其實，這對現在的我們而言，也會覺得那是無聊的謙辭，但就心理學而言，却具有某種意義。

譬如想使畫紙上的白色部分顯得突出，就不能在白紙上再塗白色，即使塗上淡色彩也不易使白色脫穎而出。不如在周圍塗上黑色來顯現白色。平交道上的柵欄，選用黃黑相間的顏

色，也是同樣道理。在送禮時，附帶謙辭的道理也是一樣。簡言之，爲了要讓自己精挑細選的禮物顯得更加貴重，不妨附上謙辭來彰揚效果。亦卽是製造禮品與謙辭的差距，給對方留下深刻的印象。

同理，想使自己顯得沉默寡言，最好坐在叨叨絮絮的人群中；想建立自己的信賴感，不妨與輕薄人士同席。這種法則被稱爲「意識化的法則」。

現代女性在戀愛方面有主動的趨勢，但大部分的女性爲了吸引男性注意，也頗費心思。其中一招，卽是以否定言辭來引起對方的注意，但對方往往不知其居心，因此經常得罪女方，於是女方趁機發怒說：「你眞是討厭……」

看到對方發怒，如果不明其心機，你會感到迷惑，不斷地思索「自己哪裏錯了」。這卽是利用否定言辭所產生的震撼，藉此吸引對方的注意。如果對這些否定言辭信以爲眞，而讓自己感到一頭霧水，那麼也許沒考慮結婚的男性忽然改變想法。總之，當對方一反過去的作風而表示強烈的否定時，首先要恢復冷靜，重新思考對方的動機。

75 以計畫已定為由拒絕對方的要求，是偽裝忙碌藉此強調自己的能幹

接到電視台邀請演出的無名演員，說：「請等一下，我讓經紀人查一下……啊！這一天剛好有空檔。」

人的心理眞是妙不可言，觸手可及的東西不知珍惜，但對稀罕而不管用的東西却千方百計地想得到手。人際方面也有相同的傾向，天天見面的人，你不會特別重視；但對於忙碌難得見面的人，卽使對方提出無理的要求，你也會去細聽。

這種心理結構，在演藝界常被巧妙地應用。比如電視台打電話給製作公司，委託無名演員參與演出，但製作公司很少一口答應。

雖然該演員的日程表也許一片空白，但也必然回答：「請稍等，我查一下計劃表。」然

後邊翻閱記事本，邊頻頻發出嗯——，考慮數分鐘後，才勉強回答：「我們會設法配合你們。」

一般而言，片酬愈高，片約不斷的演員，表示其受歡迎的程度愈高，計劃表一片空白的演員，幾乎是無人問津。當對方回答：「稍等一下，讓我查查計劃表」時，無非是想強調自己的忙碌，表示自己是受歡迎的明星。事實上，這種手法在演藝界來說也是司空見慣。

那麼，這種詭計在商場上是否也被利用呢？譬如雙方正在磋商下次交涉日期，彼此都會打開記事本，目不轉睛地查看計劃表。當我方決定某一天時，如果對方支支吾吾表示考慮，這其中大有問題，因爲自巳的計畫如何心中早已有數，用不著模稜兩可。因此，當對方難下決定時，是意圖讓別人以爲他的「能幹」，對這種人可要特別留神。

若要對付這種人，最好是以其人之道還治其人之身。亦卽是暫時拒絕對方所提出的預定計畫，才不會讓對方自以爲能幹而落入其圈套。

76 顛倒言辭是為了製造言辭的「新奇」，使平凡的言辭顯得新鮮

想對愛人吐露心聲的男士，說：「我不必說我愛妳這種俗氣話，但我知道妳絕對深愛著我。」

有位在高中任教的朋友，曾告訴我：「在我初爲人師時，認爲『絕對沒問題』的學生，往往在聯考中落榜。這種情形困擾了我三、四年，但自從我改變鼓勵學生的方式後，每年聯考，學生奇蹟般地紛紛上榜。」

扼要地說，老師只不過把原先告訴學生「你絕對會考上」的話顚倒爲「會考上的絕對是你」。乍聽之下，只是把「你」與「考上」的字眼對調了一下，但對學生而言，除了是言辭的對調以外，「你絕對會考上」的鼓勵，看來似乎帶給對方自信，但相反的也造成其不安，一言以蔽之，這句話可能帶給學生精神壓力。如果告訴他「會考上的絕對是你」，會讓學生

故意顛倒說話秩序，是想使平凡的內容顯得新鮮。

腦海中浮現「我名落孫山，那還有誰考得上」的想法；但最重要的還是在於這句話的新鮮感，當然會烙在學生心坎底。

在追求女友時，此方法也極爲管用。與其時常地說「我愛妳」，不如換點新鮮的，來個「你絕對深愛著我」更具有吸引力，同時也讓對方覺得被愛的幸福。

當然，這種言辭的對調，亦可做爲騙術，譬如某商品原先的廣告爲「聰明的消費者都使用它」，若改爲「使用者都是聰明的人」，是否更具宣傳效果呢？所以，這也算是相當高明的詭計。

77 話中附帶其他消息，是假裝若無其事以麻痺對方的戒心，藉機表達自己的意見

想與妻子離婚的丈夫，不妨說：「根據資料顯示，最近離婚率很高，其實這也沒什麼大不了。」

某機械公司推銷員前來推銷時下流行的文字處理機，當對方把產品介紹一番後，附帶說：「敝公司正逢文字處理機宣傳時間，買一部另免費贈送一部桌上型的文字處理機。」我當時對這項「驚人的服務」表示佩服，這使得推銷員更得意洋洋地說：「這種桌上型的文字處理機，也值十萬元，能免費贈送，實在划得來。」

但這句話令我感到懷疑，我進一步問他：「那麼，我是否可以只買桌上型文字處理機？」果然不出所料，對方立刻眉開眼笑。

對方的目的果然是在推銷桌上型文字處理機。經過調查，我發現對方公司的桌上型文字處理機有大量庫存，爲了週轉資金，只好採取應變措施，打著「免費贈送」的口號，大力推銷桌上型文字處理機。簡言之，推銷員的目的在於銷售桌上型文字處理機，藉此減少庫存量。雖說是免費贈送，其實成本早已加入一般型文字處理機的成本中。

類似這種例子不計其數，譬如課長委託部下說：「請把這文件送到總務課。」當部下一口答應而準備離開辦公室時，課長附帶又說：「順便看總務課長在不在。」這種命令口吻，往往目的不在於文件的送達，其本意是想確認總務課長在不在。

當本意受阻或不想被人察覺時，便會使用「順便」、「這是多餘的事」等附帶言辭。如果忽視這種心理詭計，以爲眞的是「順便」，那麼你的反應就不夠靈敏了。譬如有人告訴你：「近來你的嗜好變得很高雅，只是措辭方面要講究一下。」這時，你最好別以爲這是讚美，其實，這是對於你的措辭提出忠告。

讓人感到一頭霧水的名言

＊構成生活的兩個項目，一是想做却做不到，二是能做到却不想做。

歌德

＊不會失敗的人，永遠無法成就大事業。

菲爾普斯

＊就差那麼五分鐘，可惡！我這輩子總是晚那麼五分鐘。

庫里

＊目的會使手段正當化。

英國俗諺

＊亞當並非喜歡蘋果而吃它，只因爲受禁止而吃它。

馬克吐溫

＊賭博並非技術，戒賭才是一門學問。

＊善人也會做危害世人的事，他們的罪惡在於把世人分爲善人與惡人。

伍爾德

＊法律如同蜘蛛網，獨角仙會衝破它，但蒼蠅却被它捉住。

捷克俗諺

＊腐敗的社會，存在許多法律。

撒姆爾・約翰遜

＊恭維彷彿是透過面紗的接吻。

雨果

＊解釋過失，更造成過失的明顯。

莎士比亞

＊當我們找不到適當言辭解釋箴言或格言時，其效果反而驚人。

布希津

IV

是否因這類話，而被迫接受不利的立場

78 強調他人的「惡」

是想引開別人的注意力，企圖掩飾自己的「惡」

銷售粗劣商品的推銷員，說：「這附近有不少惡劣推銷員，專門銷售低級商品，請您小心上當。」

惡劣的房地產業者，即經常以下列說詞來接近客戶，「在同業中，不少惡劣商人把不良的房子推銷給客戶，您得多加小心。」

對方似乎在強調自己的善良，但會強調他人之「惡」，多半也反應出自己的「惡」。這些不法商人，會如數家珍般地把各種惡劣商法介紹給客戶，並教導他們如何免受欺騙。這種手法很容易取得顧客的信賴。事實上，被這種惡性業者欺騙的人不可勝數。人們總以爲，「對方如果是惡人，便不會把別人的惡行及防騙手法教給自己。」惡劣商人即是看準這種人性

強調他人之「惡」，是企圖讓他人忽略自己的「惡」。

弱點，使人產生錯誤的判斷。

仔細推敲，初次見面即把商界巧妙推銷手法介紹給對方，讓對方恍然大悟，這即是惡劣的推銷員。當然，也有眞的善良業者，他們自己研究對策，但其說辭不像惡劣推銷員那麼栩栩如生。

所以，前來拜訪的推銷員，如果有再三強調他人之「惡」，千萬不要受其左右。不妨讓我們主動提出詢問具體的現狀，若是對方志得意滿討論整個細節，我方可要警惕。

79 話中附帶「不利消息」是想使對方建立信賴感，以掩飾一派胡言

想推銷假貨的珠寶商，說：「這珠寶雖然分不出眞僞，其實仔細看可發現小瑕疵，所以我賣得比較便宜。」

每當攤開報紙，不乏詐欺事件的報導，這事令我相當懷疑，爲何上當者居然大有人在。卽使是社會名人或政治家，也有不少人因想發大財而受騙。但實際聽這些被害者的告白後，才覺得情有可原，畢竟這些騙子手法極爲高明，他們了解人性的弱點，利用會話技巧，彷彿個個皆是一流的心理學家，令人甘拜下風。

有位週轉不靈的老板，卽落入圈套。該騙子是以下面言辭來取信於老板。「一千萬的話，我有困難，但三百萬，或許還有辦法。」內容就是那麼簡單，但這使得原本猶豫不決的老

板馬上開出三百萬元的支票作爲抵押。這件事成交的主要因素，在於對方的一句話——「一千萬的話，我有困難。」對方主動向老板暴露自己的弱點。反過來說，對方如果從頭到尾都表示「沒問題」，這位老板也不會輕易受騙。換言之，在話中附帶對自己不利的消息，反而可讓對方安心。

人的心理實在是奧妙，當對方自我暴露缺點時，會讓人毫不考慮地以爲對方的誠實。反之，盡誇耀有利自己的消息，却會讓人起疑。

有些人是這麼說：「如你所見，我雖然貌不驚人，但心地誠實……」事實上，面貌的好壞是有目共睹的。如果對方眞的服飾簡陋，身材矮小，那麼，他自稱誠實的言辭會讓人信以爲眞。其實人具有一種思考方式，卽是經常以部分消息爲核心，來掌握整體的形象。具體來說，容易把部分的事實視爲整體的事實。

善於會話技巧的騙子，經常暴露自己的弱點，讓對方感到安心。總之，這種手法的陷阱在於部分的眞實，而不在於有利於自己的消息。

80 企圖改變數字單位，是想利用「換算的心理效果」，讓人把不利的數字當做有利

建設公司想銷售偏遠地區那些賣不掉的房子時，會這麼說：「那房子交通很方便，離市中心只有七十分鐘，不知意下如何？」

當我們逛街時，時常可看到商店門口標示「襪子三雙一百元」、「筆記本四本一百元」等落價大拍賣。乍看之下，令人覺得「十分划算」，毫不猶豫地買下它。其實，這些東西並沒有想像中的便宜。譬如：襪子原來一雙四十元，三雙一百元，平均一雙便宜七元左右，但往往令人感覺好像只有半價一般。這卽是抓住消費者的心理弱點，以爲整批購買會便宜很多。

事實上，這種宣傳方式具有微妙的意義。利用此技巧，可使原來大的事物顯得較小；反

之，也可以使少的事物顯得較多，此種例子，不勝枚舉。最典型的例子，卽是商品分期付款的銷售廣告。看到價格三萬元的錄影機，月付一千元，會讓人覺得便宜。

更奧妙的是，在分期付款上點綴吸引人的言辭。比如：十萬元的毛皮服飾，月付五千，每日只要少喝一杯咖啡，一個月卽可購買——等類似廣告。經過這種宣傳效果，原來不可能買的毛皮服飾，極可能會去買它。這種手法，確實有不可思議的魔力，這可形容爲「心理上的除法」。

在房地產的廣告中，此種手法也極受歡迎。由於地價暴漲，人們只好購買較便宜的郊區房子。但任何人都希望擁有交通便利的住宅，因此，建設公司卽掌握這種人性弱點，大力做各種花樣的宣傳。比如：「從B地到C地火車站只要六十五分鐘。」同樣的時間，如果寫成「一小時零五分」，會令人感覺路途的遙遠。如果寫成「六十五分鐘」，還不致於讓人產生太大的抗拒力。這只是改變一下數字單位，但却能使時間顯得較短。

善加利用這種詭計，想在工作上得到好成果，並非難事。譬如：某貿易公司產品的交易日期只剩三天，但部下的工作進度趕不上。這時，與其申斥或鼓勵，不如先讓他們放鬆心情。同時擺出悠閒的姿態說：「還有七十二小時，絕對沒問題。」這比起緊張兮兮地說：「只剩三天。」更能讓部下提高工作效率。

81 進入主題前加上冗長的開場白，以此封鎖對方的反駁或疑問

想貶損同事的男職員，不妨說：「我並不是藐視你，請別誤會，你聽我說……」

在電視劇中，向妻子告白的丈夫總是說：「妳先別生氣……」其實，在現實生活中，也有不少人以這種開場白爲口頭禪，說：「這麼說，或許您會見笑！」「其實我沒有藐視你的意思，」「或許這麼說會引起誤會，但……」這種「……但……」等冗長的開場白，經常被使用。

在會話一開始，使用這種言辭的方式，稱之爲「開場白話法」。若對這種「開場白話法」的使用加以剖析，其目的不外乎是，與其把話說完，受到對方指責，不如先提出預防招式。換言之，對方的目的是在一開始便提出「自我辯護」的言辭，企圖沖淡接踵而至的主題內

容。事先做好自我辯護的人，如同事先道歉再給予責難。

這種有話說在先的言語技巧，會讓自己感覺事態並不嚴重，因此心情自然放鬆。以聽者的立場來看，很難讓自己在會話中佔優勢，因爲對方既然有言在先，談話內容可能嚴重性不大。而對方趁隙掌握這種人性弱點，大發議論，步步逼進，繼而稍微嚴厲地予以斥責或要求，但聽者並不覺得苛刻，卽使平時難以入耳的內容也會自然地讓它通過，平時所產生的疑問，也會因對方的開場白而逐漸消失。

刻意使用「開場白話法」的人，是想干擾對方冷靜的判斷，企圖使下面的交談對自己有利。比如事先表明：「我並非不接受你所提出的價格，請別誤會，你先聽我說……」顯然地，是希望對方減低價格。

又如：公司同仁群聚一堂，爲了貶損競爭對手，可能會說：「我並沒有藐視你的意思。」實際上，對方是想把對手的缺點公開，企圖抬高自己的身價。這卽是假藉毫無意義的虛詞來批評對方。遇到這種情況，千萬不可忽視對方這些虛詞，應細加斟酌「……但……」的開場白言語，如此，你會意想不到地摸索到對方眞正想說的話。

82 過分炫耀知識，是想讓人以為知識即是體驗，企圖掩飾自己的經驗不足

想隱藏自己是處女的老小姐，說：「我想，一般年輕人都不能體會那種性生活的滋味，但這的確是言語難以表達。」

日本紅星松田聖子在踏入影壇不久，時下開始流行「裝蒜」這字眼，那是因爲她僞裝純情的模樣。事實上，這種傾向，到處可見。有些以十幾歲年輕人爲對象的電視劇，裏面主角扮相極爲清純，但根據週刋雜誌的記載，這些明星的幕後生活五花八門，抽煙酗酒大有人在，原來她們也是僞裝清純的形象來討好觀衆。

其實，這些「裝蒜者」不只演藝圈人士。一些職業婦女，她們的言談擧止表現天眞瀾漫，但私下却是個生活靡爛的人。

炫耀「知識」，是意圖掩飾自己經驗的缺乏。

但也有與前述相反的「裝蒜者」，她們當著衆人面前，面不改色大開黃腔，對於男女間的繾綣纏綿也會喋喋不休地談論。原以爲對方是位性經驗豐富的女人，其實不然。在某種意義下，這些人亦屬「裝蒜者」，但與前述「裝蒜者」有天壤之別。前者是享受自己的表演，後者則是自我暴露弱點。

人都不希望被干涉，但奇怪的是，爲了掩飾自己的弱點，往往僞裝知識豐富。他們在別人面前沾沾自喜地放言高論，其實正在企圖掩飾自己的弱點。

83 假藉第三者的言論炫耀自己，是強調自己的言論值得採信

想炫耀高爾夫球技勝人一籌的經理，說：「一起打球的○○先生說我輕擊的技巧超過職業選手，但我並不這麼認爲。」

自我誇耀有時是大快人心的事，但對聽者而言，沒有比這更令人難受的事。薪餉階級的人，有時不得不耐著性子去聽上司的自誇。比如課長自誇釣魚技術超人一等；經理也自誇高爾夫球打得相當出色；學長也自誇風流韻事比別人多……。對這些事有時要附和地表示驚嘆與佩服，否則世路艱難。

有一次，我與編輯在咖啡廳磋商事宜，無意中聽到鄰座數位家庭主婦的談笑風生。她們似乎都在自誇兒女的聰明能幹。譬如說：「小犬在補習班成績名列前茅。」、「我的女兒數

學每次都考一百分。」其中一位婦女的發言讓我感到新鮮，她說：「音樂老師說，最好讓小犬繼續接受鋼琴深造，可以讓他接受更好的老師。」這句話讓在場女士目瞪口呆，其實，這正是巧妙的說話技術。

就內容而言，沒有對孩子提出一項自誇，但話中隱藏許多玄機。例如：「音樂老師承認他的鋼琴造詣」、「他的水準可以進一步接受深造」、「可以讓他接受更好的老師」等，無一不是在自誇自己小孩的能幹。藉由第三者的嘴來說話，亦即是把話包於糯米紙內來談，這可算是狡猾的言語詭計。

這些自誇的言辭，也許說出來自己難爲情，因此藉著糯米紙包起來談，會顯得含蓄些。譬如：愛打高爾夫球的經理說：「雖然球場的助理教練，稱讚我的輕擊已到登峯造極的地步。事實上，還差一截呢！」

我們姑且不論聽者的反應如何，對方眞正目的，是在自誇輕擊技術已達職業水準。若不明經理心機的人，毫不考慮地附和：「嗯，經理的輕擊技術的確是差了一點。」那麼，你可能失去陞遷的機會。

84 強調與權威人士意見相左，是反利用權威人士的「威勢」，掩飾自己的無能

想掩飾自己沒有陞遷希望的櫃台人員說：「我全力反對董事長的經營方針，以他的作風，絕對得不到員工的信任。」

勢力龐大的人，佔著「權威」來欺負弱者，這種事情屢有所聞。但也有藉他人權威的弱者，假裝那是屬於自己的權威，對於比自己更弱的人提出無理的要求，這卽是利用「威勢效果」。但想利用此權威發展有利於己的行動，得先認清權威者究竟是何人。俗言：「狐假虎威」，喜歡以「我與國會議員很熟」、「那位經理很關照我」等言辭貫徹自己任性的行爲時，是很令人起反感的。

但如善加利用這種手法，有時也不盡令人作噁。比如對重要客戶說：「所以我說，這商

強調自己與權威人士的意見相左，是意圖隱藏自自己的無能。

品的銷路一定不好，但那家公司的經理頑固，結果慘了吧！」這番肆無忌憚的批評，必然讓對方大吃一驚。這卽是非難權威人士，企圖使自己具備更高權威的「威勢效果」。

又如：資深職員告訴新進職員：「本公司董事長是位獨裁者，連董監事的意見也不採納，這樣下去，公司絕對不會有進步。」對方也是企圖想得到同樣的效果。對於新進職員來說，董事長有如王者，如果像同事般地抨擊他，當然讓人對你另眼相看。

其實，眞正的實力者，不會借用他人權威，也沒有這個必要，因爲光論自己就已足夠了。然而在現代商場上，這種威勢效果仍然大行其道。

85 先發制人式的認錯，是想偽裝全面投降，以閃避嚴厲的追究

前來通知延期交貨的人員，說：「不瞞您說，今天前來拜訪，是想為敝公司的錯誤道歉。」

想眞心表達自己的心意，並不是容易的事，尤其在道歉時更難。曾經造成死傷人數慘重的日航事件卽是一個例子。有位朋友對於電視記者招待會的道歉極爲憤怒，他認爲日航的道歉態度流於形式化，根本缺少誠意。

一般而言，當對方承認「這是我的不對」且深表悔意時，我們會出乎意料之外地寬容他。但對於不承認錯誤而百般解釋的人，我們會起反感，卽使對方言之有理，也感到厭惡。

這類事情在我們日常生活中也常遇到。譬如廠商因故延期交貨，此時，如果三言兩語地

道歉，繼而一再地爲自己申辯，反而令人怒目瞪視。對方口裏也許只說「傷腦筋」，但心中已下定決心不再與該廠商交易。

如果廠商負責人急急忙忙地跑來說：「對不起，給貴公司添麻煩了。」那麼情況可不相同。不論延期交貨的理由爲何，對方會「請別這麼說」來承認你的誠意。但也許對方連連提出抗議，不過心中會想，「既然對方誠意前來道歉，再給他一次機會吧！」

眞正會解釋的人，是熟知這種人類的心理結構。有些高深莫測的星探，在挖角交涉中面臨僵局時，經常這麼說：「也許我的請求過於冒昧，請不到妳當明星是我的不對，但爲了個人疏忽而破壞好事，實在令人遺憾。我會請別人代爲交涉，不知妳是否能再給我們一次機會？」這番話實在動聽，相信對方會與他們再交涉一次。

事實上，「一味地道歉」，有時是經過刻意的算計。雖然我們不好意思拒絕對方的誠意，但對於過分高明的道歉，最好能冷靜應付，因爲人在爲情所動時，往往失去正常的判斷力。

86 過分強調一種特長時，是想讓對方吸引力集中，以掩飾其他缺點

在就業考試中，想強調自己的優點，不妨說：「我沒有其他長處，唯一的長處是具有工作熱忱！這一點，我相信不會輸給別人。」

想大量推銷特定的一種商品時，不妨採用「連呼形」的廣告戰略。電視廣告中常打出「被稱做〇〇的只有××」等便於記憶的廣告，這也是屬於「連呼形」的一種。如果銷售量想在類似商品中遙遙領先其他公司，那麼，與其舉出多種優點，不如反覆宣傳某項優點更具效果。對消費者而言，與其提出許多細小的說明，不如強調一個事實來得有震撼力。簡言之，只要一個優點打動人心，其他便相繼到來。

據說，這種強調特定一項優點的招式，最能讓女性與兒童的心受到動搖。如果同時標榜

許多優點，會讓女性起反感，懷疑「對方是否想吸引我」而提高警覺。反之，如果只強調某一優點，更能引發對整體的好感與信賴。

也許隨著個人程度不同而感受不一，但商場上，這種技巧普遍地被利用。多年前，我應邀參加某新公司的朝會，當時，董事長的訓示讓我刻骨銘心。他對全體員工說：「本公司既無傳統也不講求排場，技術方面只能說是二流，但我自己員工是一流的。」這些話，無疑地提高員工士氣，但更受感動的，則是公司以外的人。

當然，局外人都了解該公司尚未成熟，但由於被指出「員工是一流」的優點，使得全體的評價也被提高，任何人都會覺得「這家公司前途無量」。

事後想想，一種長處並不足以代表整體的長處。我們往往只見樣品就訂貨，其實，樣品與實際貨物在品質上差異頗大。這也是因爲優異的樣品，使人對全體的評價提高。因此，我們要知道，只強調部分長處的銷售手段，是意圖讓人對全體的判斷產生錯誤。

87 忽視習俗強調合理性，以似是而非的理論掩飾自己的感情

不想陪丈夫到上司家拜年的妻子，不妨說：「何必一道去呢？這是什麼時代了，眞是笑話，聽說這些無聊的禮節有被廢止的傾向。」

我認識一位助教，數年前開始，他的妻子不再陪他到公婆家拜年。問其理由時，她回答：「這只是傳統而已，何必拘泥於這種無聊的形式，一通電話寒暄不就行了。況且到那裏的旅費也很可觀。」妻子這種突然的改變，讓先生極爲納悶。直到後來，他才發現婆媳之間不和，當然妻子不願回婆家。

像這樣，以「不合理」的理由拒絕行動的心理，稱爲「合理化心理」。以精神分析而言，所謂的「合理化」，是無意識中的行爲。「合理的」理由，不過是拒絕的搪塞，用以掩飾

強調合理性，是想隱藏自己任性的行為。

拒絕理由的一種不合理行爲。

所以，如果完全接受「合理的」理由，有時後果不堪設想。

某大企業家的千金，每每拒絕他人的提親。她以「最討厭形式化的事」爲回絕的理由。同時，父母也以爲女兒是屬「現代化的女性」而同意她的做法。

事實上，她有個交往多年的男友，雖然想與他結婚，却又難以啓齒。但如果不理會人情而拒絕相親，又怕被人追究，因此揑造一個似是而非的理由。

88 反問對方的詢問，顛倒立場，

藉以掩飾不想回答的問題

被女方逼問愛的證言之男士，不妨說：「妳問我是否愛妳，我才想問妳是否眞的愛我呢！」

感情不專的男子，實在讓人作嘔。起初口口聲聲以「我愛妳」來打動對方的心，一旦奪走女方貞操又移情別戀。當女方追問：「你對我的感情如何？你不是一直都說愛我嗎？」此刻，如果男方回答「我愛妳」，却又深怕女方提出結婚要求；但他又不能說出傷人的話，於是只好採取敷衍的手段，反問對方說：「那妳到底愛不愛我呢？」

這卽是閃避回答對方問題的手段。這種技巧名之「轉話法」。此方法多半爲能言善道的人所利用。我認識某公司的董事長，在會議席上，每當被提出難以作答的詢問時，他總是先承認「這的確是個難題」，繼而說：「但在此之前，有更多的問題需要先考慮。」如此藉題發揮，暗示新的問題。

他提問題的方式相當高明，會讓大家遺忘在此之前已被提出的問題，這卽是「轉話法」的應用。類似這種例子不計其數。

比如：最近妻子經常外出，化粧也比以前講究。丈夫認爲事出有因，因此追問：「妳是否有什麼事在瞞著我？」但妻子却反問：「你最近才有些奇怪！」她之所以沒有直接回答丈夫的詢問，是因爲自己了解丈夫質詢的本意。事實上，妻子的確有外遇，卽使回答：「不！沒隱瞞什麼事！」也難以逃避追究。爲了閃避話題，乾脆反問：「你最近才奇怪呢！」企圖展開反擊。

改變話題，反過來詢問，其實是企圖掩飾不欲人知的事。因此，對方如果反問你的詢問，不妨懷疑對方有所隱瞞。

89 過分使用溫言膩語，是想隱藏自己的虧心事

怕外遇被太太發現的老公，不妨說：「這次的特別假，我們到溫泉好好休養吧！」

社會上充斥各種惡性商法，其中以豐田公司的「豐田商法」被認爲最極端。被害者中，老年人屬多數。他們以花言巧語推銷仿冒債劵與鑽戒，企圖從中撈取利益。此種商法，曾受日本國會追究，且引起一場爭論。報案的被害人數達十萬人，若加上沒有報案者，那更不知有多少人被害。

爲何有那麼多人會被這些甜言蜜語所欺騙呢？「豐田商法」最具代表性的技巧，即是以溫柔親切的言辭取信於對方。一般上了年紀的人，生活上或多或少都會感到寂寞，這時，如果有人幾乎天天上門，並且親切地說：「老太太，我來幫您搥背！」「年輕的您，一定是美

人胚子！」等甜言蜜語，對方當然容易上當。

由豐田公司的例子，不難發現一個人在聽到溫言軟語時，必然心中浮現縷縷溫馨，繼而信賴對方。非但老年人，任何人一旦受到溫柔的對待，由衷地覺得「他是眞正了解我的人」，因而相信他。又對於平時你不信任的人，如果他對你表示滿懷的關心，則會讓你感覺「原來我以前一直在誤會他」。有不少人就是掌握這種人性弱點，讓對方中計。有位學生對我告白，一位平日對他百般挑剔的學長，某日，態度忽然一百八十度地轉變。

這種情形連續數日後，他對學長的戒心完全消失，並以爲對方是善良的人，對他的誤會很快就冰消瓦解。某日下班時，學長邀他喝酒，在酒意正濃時，學長提出借錢的請求。

由於對方正是酒酣耳熱，一口答應了他的要求。事後回想起來，才知道中了學長的圈套。因爲錢借去後，學長恢復本來面目，對他的態度又變得惡劣不堪。可以說，爲了借錢，學長故意假裝親切。

由此可知，當對方提出不自然的溫言軟語時，最好提高警覺。

90 喜歡喊口號者是想以正當理由為幌子，

達到自己任性的要求

要求鉅額的職業棒球選手，說：「我之所以要求年資一億，是爲了整個棒球界，並非爲了我個人。」

被譽爲「經營之神」的松下幸之助，只要一有機會，便強調「企業的存在是爲了社會」。除了松下之外，凡是大企業的經營者，滿口的「貢獻社會」，事實上，他們的確也做到這一點。但不論如何，「爲了社會」這理由，確實發揮巨大效果。

人人都知道，企業的目的，在於追求利潤。但如果光是以賺錢爲目的，無異是在維護私利，這一來，很難提升幹部或員工的士氣。因此，標榜「爲了社會」，能讓員工以「服務社會」的熱忱而賣力工作，同時，這也能讓經營者問心無愧地從事企業活動。

另一個類似例子如下：日本二度躍爲三冠王的落合選手，在更換新契約時有其論調，「職業棒球選手年俸過低，如果提高年薪，一方面可安定選手的生活，再者，也可以提升整個職業棒球水準。」結果，他要求年薪一億。後來，我多次聽到他主張：「我當上第一個年薪一億元的選手，是爲了整個球界……」但如果換個角度來看，也可能是利用「爲了整個球界」的正當名分而實現自己的願望。

我當然沒有非難落合選手的意思，反而佩服其獨特的想法，況且，以他的表現，要求年薪一億也並不爲過。但在某意義下，他似乎以個人事情轉調爲「爲了社會」。

東方人總以爲「個人利益」優於「公家利益」是不高尚的行爲，這一點與個人主義發達的美國不同。其實，如果能巧妙地配合這種深層心理，即使本質上是主張自己利害關係，但只要得到他人贊同也無可厚非。落合選手與前述的經營者，似乎也無意識地利用這種技巧。

但世上確實有不少人以「爲了社會」爲前提，企圖貫徹自己的主張。比如：「爲了世界女性的美麗」而推銷昂貴的低劣化粧品，即是這種例子。另外，滿口「爲了公司」而濫用公費來交際的人士，也屬於同類。

所以，若是對方常說：「爲了社會」「爲了衆人」的話，最好冷靜加以判斷。

91 反覆相同的話，

是想以「反覆效果」使對方相信自己的謊言

外遇即將拆穿的丈夫，不妨說：「我絕對沒有，我眞的沒有騙妳，眞的，我什麼也沒做……」

某餐廳女店東語重心長地告訴我，她說，酒客在追求吧女之初，若滿口的花言巧語，反而讓她們抱有戒心。但人總有軟弱的時候，只要客人每天說同樣的甜言蜜語，便會讓她們失去戒心，認爲「對方那麼誠懇，想必是眞心的吧！」人們常說，追求女人最好的方法卽是獻殷勤，這卽是女性弱點所在。只要反覆同樣話題，便會讓人得到某種暗示。

換言之，卽使是厭惡的事，只要再三反覆給予刺激，這些不快會煙消雲散。譬如風流韻事卽將暴露的老公，會反覆申辯說：「我眞的沒有。」「我不會做出那種事。」這使得心中疑念的妻子，也慢慢地相信丈夫是無辜的。這種技巧如果用來解決夫妻間的不睦，倒是好辦

反覆同樣的話，是企圖讓他人相信自己的一派胡言。

法。但如果被惡人利用，那後果也許相當嚴重。坦白說，有心欺騙的人，多少懂得這種原理。比如：他們假編一件荒謬的大企劃案，企圖向別人詐取一些資金。奇妙的是，經過他們多次說服，終於讓對方認為「這企劃有可能實現」，而提供資金，這類消息屢有所聞。

但這種手法並不是屢試屢勝，而且反覆手法若一旦中斷，很容易原形畢露。所以，當對方再三反覆某話題時，最好假以時日，仔細思考。

92 以「不值得一提」，讓人以為是公認的事實，藉此避開議論

當部下提出令自己意想不到的高明建議時，爲了維護自己的立場，不妨說：「這種議案不值得一提，你還年輕，經驗還不夠……」

在政治討論會議中，往往到後來脫離主題。當一方提出自己的主張時，對方代表經常滿懷自信地反駁：「這種主張根本不值得一提」或「不成爲議論的主題」，繼而發表自己的議論。由於彼此都採取這種議論方式，所以主題難以掌握也是預料中的事。

出席的各黨政要，頻頻指出「不值得一提」，並非毫無居心。換言之，是利用「不值得一提」反擊對方。尤其當對方一針見血地指出我方弱點時，這句話更是有利武器。所以說，在正式的議論場合，遇到不利於己的局勢時，不妨以「不值得一提」來反擊對方的論調。

換句話說，愈可能造成嚴重性的問題，對方愈會用「不值得一提」來閃避。因此，當部下忽然提出意想不到的高明建議，爲了維護自己身爲上司的尊嚴，不妨說：「這種提案不值得一提，畢竟你還年輕，經驗還不足。」

除了「不值得一提」外，人們幾乎都禁不起極端論調的刺激。一般人都以爲這種口氣不是平常人說得出口，一旦有人以這種語氣對你說話，則讓你以爲該發言人勢必與衆不同，因此輕易地落入對方的圈套。事實上，對方很多是爲了掩飾自己的困境或無能，才故意說出極端的論調。

我曾經歷這麼一樁事。在議論頗爲激烈的會議上，一路佔優勢的某人，聽到我提出的疑問後，感到一陣困擾，但立卽回答：「笑話，這種事根本不值得一提。」我立刻想到，剛才的疑問也許正是對方最大的弱點，所以我進一步逼問：「哪一點不值得一提呢？」不出所料，對方支吾其詞，不知所答。之後，整個討論會的氣氛一百八十度的轉變。

因此，每每說出「不值得一提」等大膽斷言的，最好特別留意。

93 使用武斷語氣，

假裝熟知以掩飾缺乏自信

經常讓客人賠錢的股票行職員，說：「這次股票一定會漲價，絕對錯不了。」

任何經驗豐富的棒球投手，在踏板上總有感到孤獨無助的時候，在面臨困境時，內心也會感到不安，尤其是面對全壘打王，那更不用說。這時，身爲捕手的該提出何種忠告呢？——對於這一點，棒球評論家野村克也先生曾中肯地指出：「根據資料顯示，對方打擊手內角球幾乎百分之百可擊出全壘打。當然，絕對禁止投內角球。但如果提醒投手投內角球有危險，那十之八九會失敗。不如直截了當地告訴他投外角球，這樣也許可以解危。」這卽是說明給對方明確的判斷，會替對方排除迷惑。由此足以證明，斷然的言辭，容易使人得到暗示。

在精神療法中，催眠術也經常被利用。在催眠誘導中，刻意地使用斷然語氣，譬如說：「聽聽波濤聲」、「你的手逐漸在伸開」、「你的手像鳥翅般地振動」等，給予片面的誘導，讓病患像鳥一般振翅而飛。屬於這類的言語暗示，當然不只這些。在我們的生活中，受到對方提供暗示的例子也很多。

比如：主婦徘徊在市場門口，正考慮今晚要做什麼菜，這時，魚販說道：「太太，今天的黃魚很新鮮，不買一定會後悔。」這句話便足以引起對方的購買慾。

魚販語氣宏亮而肯定，當然會吸引客人。但有些人在會話中提到某問題時，便肯定地說：「這件事已解決了」「他心裏很明白」等，這是企圖掩飾不欲人知的心情，或怕別人識破自己的謊話。聽者對於這種肯定語氣，往往以爲「原來如此」而完全接受對方，這是極不明智的判斷。

常聽商人叫囂「這商品絕對划算」或「你不相信我的話一定會吃虧」，這些商人常常藉自信來掩飾低劣的產品。有個商業廣告這麼說：「優良的產品不需要宣傳。」正是如此，眞正有自信，根本不必以斷然語氣來說話。

94 以唐突的詢問來反問，

是想造成對方混亂，藉以閃避主題

被記者訪問今後政局會是如何的部長，不妨說：「你們猜今年棒球賽會鹿死誰手？」

一個人想隱藏內心的愧疚時，說話時往往忽然變快，或是變得饒舌，甚至唐突提出不著邊際的話。譬如接受問訊的嫌犯，突然提出與案件扯不上邊的話，或是向來沉默寡言的職員，突然變得幽默。這些突如其來的改變，正表示此人的心態動搖。

換言之，想隱藏不願為人知的事時，不妨說些無關緊要的話來分散對方的注意力。如此可閃避主題，確保安全。這也是人性的自然心理結構。當然，刑警對這種心理瞭若指掌，反而有時可從其中找到線索。

此外，在會話中巧妙地夾入「停滯時間」，也是一種閃避追究的技巧。已故的日本太平

唐突的詢問，是想讓對方的注意力遠離主題。

首相，他常發出「唔——唔——」是衆所周知的。事實上，其目的同於唐突的發言或喋喋不休。當在野黨議員針鋒相對時，他總是先發出「唔——唔——」片刻的停頓後，再做應對。結果，使得來勢汹汹的在野黨議員氣勢大減。當這些議員重振旗鼓再度逼問時，對方又故計重施，使這些在野黨議員疲於奔命。

會話中提出唐突詢問的人，十之八九郎是利用這種心理來擾亂對方的步調。換言之，這正是對方弱點所在。只要了解這一點，自然可以胸有成竹地應付這些唐突的發問。反之，如果掉以輕心，被對方穩紮穩打，勢必讓對方擾亂我方的步調。

95 說話模稜兩可，

混淆對方的判斷，以隱藏自己的真面目

當好友洩露傾慕的對象正是自己的男友時，不妨說：「他既強壯，且有男人氣魄，但美中不足的是，他過於莽撞。」

任何公司，幾乎都有派系，譬如董事長派與經理派彼此對立，這類情形，時常可見。有人說：「商場上只要有兩人以上，便會產生派系。」身為薪水階級者，若想避免捲入這種衝突，是相當困難的。萬一所屬派系的首領垮台，自己極可能被調職，那麼，要避免面臨這種困境，該如何自處呢？

理想的方法，是徹底的運用說話的戰術。譬如：總經理派的課長刺探說：「你認為董事長這個人怎麼樣？」這時，你不妨回答：「董事長經營手段相當高明，度量也大，但是做人

方面，也不是完全沒有缺點，不過，此缺點正是他的魅力……」以這種既稱讚又貶損的口氣，讓對方感到一頭霧水。對方對於你的回答，也不清楚你是否支持董事長。

根據多方面的實驗證明，當對方以各種不同的記號系統對你說話，並且讓你無法整理記憶或思考。換言之，是以曖昧方式向你表達時，很難讓你掌握對方說話的內容。

政治家想閃避主題時，也經常採用這套技巧。譬如說：「這件事情要優先辦理，希望能愼重處理。」這讓聽衆摸不清到底這問題要急著辦，還是愼重處理。

其實，這是預料中的事，很多政治家的語氣都是模稜兩可，因爲他如果提出明確的回答，則需要付諸行動，但這正是他想逃避的事。

譬如：某職員說：「呆在這種公司，眞想不幹。」事實上，這位資深職員拚命努力在提高業績。又有的職員，一面聲稱「我要從事幕後工作。」但另一方面，却又喃喃自語：「我要積極跑外務。」這些人無非是以曖昧的語氣來保護自己。因此，如遇到經常使用曖昧語氣說話的人，應該直截了當問他：「你到底想說什麼？」

大展出版社有限公司　圖書目錄

地址：台北市北投區11204　　電話：(02) 8236031
致遠一路二段12巷1號　　8236033
郵撥： 0166955～1　　傳眞：(02) 8272069

• 法律專欄連載 • 電腦編號 58

台大法學院 法律學系／策劃
法律服務社／編著

①別讓您的權利睡著了[1]	200元
②別讓您的權利睡著了[2]	200元

• 秘傳占卜系列 • 電腦編號 14

①手相術	淺野八郎著	150元
②人相術	淺野八郎著	150元
③西洋占星術	淺野八郎著	150元
④中國神奇占卜	淺野八郎著	150元
⑤夢判斷	淺野八郎著	150元
⑥前世、來世占卜	淺野八郎著	150元
⑦法國式血型學	淺野八郎著	150元
⑧靈感、符咒學	淺野八郎著	150元
⑨紙牌占卜學	淺野八郎著	150元
⑩ＥＳＰ超能力占卜	淺野八郎著	150元
⑪猶太數的秘術	淺野八郎著	150元
⑫新心理測驗	淺野八郎著	160元

• 趣味心理講座 • 電腦編號 15

①性格測驗１	探索男與女	淺野八郎著	140元
②性格測驗２	透視人心奧秘	淺野八郎著	140元
③性格測驗３	發現陌生的自己	淺野八郎著	140元
④性格測驗４	發現你的真面目	淺野八郎著	140元
⑤性格測驗５	讓你們吃驚	淺野八郎著	140元
⑥性格測驗６	洞穿心理盲點	淺野八郎著	140元
⑦性格測驗７	探索對方心理	淺野八郎著	140元
⑧性格測驗８	由吃認識自己	淺野八郎著	140元
⑨性格測驗９	戀愛知多少	淺野八郎著	140元

⑩性格測驗10　由裝扮瞭解人心	淺野八郎著	140元
⑪性格測驗11　敲開內心玄機	淺野八郎著	140元
⑫性格測驗12　透視你的未來	淺野八郎著	140元
⑬血型與你的一生	淺野八郎著	140元
⑭趣味推理遊戲	淺野八郎著	160元
⑮行爲語言解析	淺野八郎著	160元

・婦幼天地・電腦編號16

①八萬人減肥成果	黃靜香譯	180元
②三分鐘減肥體操	楊鴻儒譯	150元
③窈窕淑女美髮秘訣	柯素娥譯	130元
④使妳更迷人	成　玉譯	130元
⑤女性的更年期	官舒妍編譯	160元
⑥胎內育兒法	李玉瓊編譯	150元
⑦早產兒袋鼠式護理	唐岱蘭譯	200元
⑧初次懷孕與生產	婦幼天地編譯組	180元
⑨初次育兒12個月	婦幼天地編譯組	180元
⑩斷乳食與幼兒食	婦幼天地編譯組	180元
⑪培養幼兒能力與性向	婦幼天地編譯組	180元
⑫培養幼兒創造力的玩具與遊戲	婦幼天地編譯組	180元
⑬幼兒的症狀與疾病	婦幼天地編譯組	180元
⑭腿部苗條健美法	婦幼天地編譯組	150元
⑮女性腰痛別忽視	婦幼天地編譯組	150元
⑯舒展身心體操術	李玉瓊編譯	130元
⑰三分鐘臉部體操	趙薇妮著	160元
⑱生動的笑容表情術	趙薇妮著	160元
⑲心曠神怡減肥法	川津祐介著	130元
⑳內衣使妳更美麗	陳玄茹譯	130元
㉑瑜伽美姿美容	黃靜香編著	150元
㉒高雅女性裝扮學	陳珮玲譯	180元
㉓蠶糞肌膚美顏法	坂梨秀子著	160元
㉔認識妳的身體	李玉瓊譯	160元
㉕產後恢復苗條體態	居理安・芙萊喬著	200元
㉖正確護髮美容法	山崎伊久江著	180元
㉗安琪拉美姿養生學	安琪拉蘭斯博瑞著	180元
㉘女體性醫學剖析	增田豐著	220元
㉙懷孕與生產剖析	岡部綾子著	180元
㉚斷奶後的健康育兒	東城百合子著	220元

•青春天地•電腦編號17

①A血型與星座	柯素娥編譯	120元
②B血型與星座	柯素娥編譯	120元
③O血型與星座	柯素娥編譯	120元
④AB血型與星座	柯素娥編譯	120元
⑤青春期性教室	呂貴嵐編譯	130元
⑥事半功倍讀書法	王毅希編譯	150元
⑦難解數學破題	宋釗宜編譯	130元
⑧速算解題技巧	宋釗宜編譯	130元
⑨小論文寫作秘訣	林顯茂編譯	120元
⑪中學生野外遊戲	熊谷康編著	120元
⑫恐怖極短篇	柯素娥編譯	130元
⑬恐怖夜話	小毛驢編譯	130元
⑭恐怖幽默短篇	小毛驢編譯	120元
⑮黑色幽默短篇	小毛驢編譯	120元
⑯靈異怪談	小毛驢編譯	130元
⑰錯覺遊戲	小毛驢編譯	130元
⑱整人遊戲	小毛驢編著	150元
⑲有趣的超常識	柯素娥編譯	130元
⑳哦！原來如此	林慶旺編譯	130元
㉑趣味競賽100種	劉名揚編譯	120元
㉒數學謎題入門	宋釗宜編譯	150元
㉓數學謎題解析	宋釗宜編譯	150元
㉔透視男女心理	林慶旺編譯	120元
㉕少女情懷的自白	李桂蘭編譯	120元
㉖由兄弟姊妹看命運	李玉瓊編譯	130元
㉗趣味的科學魔術	林慶旺編譯	150元
㉘趣味的心理實驗室	李燕玲編譯	150元
㉙愛與性心理測驗	小毛驢編譯	130元
㉚刑案推理解謎	小毛驢編譯	130元
㉛偵探常識推理	小毛驢編譯	130元
㉜偵探常識解謎	小毛驢編譯	130元
㉝偵探推理遊戲	小毛驢編譯	130元
㉞趣味的超魔術	廖玉山編著	150元
㉟趣味的珍奇發明	柯素娥編著	150元
㊱登山用具與技巧	陳瑞菊編著	150元

•健康天地•電腦編號18

①壓力的預防與治療	柯素娥編譯	130元
②超科學氣的魔力	柯素娥編譯	130元
③尿療法治病的神奇	中尾良一著	130元
④鐵證如山的尿療法奇蹟	廖玉山譯	120元
⑤一日斷食健康法	葉慈容編譯	120元
⑥胃部強健法	陳炳崑譯	120元
⑦癌症早期檢查法	廖松濤譯	160元
⑧老人痴呆症防止法	柯素娥編譯	130元
⑨松葉汁健康飲料	陳麗芬編譯	130元
⑩揉肚臍健康法	永井秋夫著	150元
⑪過勞死、猝死的預防	卓秀貞編譯	130元
⑫高血壓治療與飲食	藤山順豐著	150元
⑬老人看護指南	柯素娥編譯	150元
⑭美容外科淺談	楊啟宏著	150元
⑮美容外科新境界	楊啟宏著	150元
⑯鹽是天然的醫生	西英司郎著	140元
⑰年輕十歲不是夢	梁瑞麟譯	200元
⑱茶料理治百病	桑野和民著	180元
⑲綠茶治病寶典	桑野和民著	150元
⑳杜仲茶養顏減肥法	西田博著	150元
㉑蜂膠驚人療效	瀨長良三郎著	150元
㉒蜂膠治百病	瀨長良三郎著	180元
㉓醫藥與生活	鄭炳全著	180元
㉔鈣長生寶典	落合敏著	180元
㉕大蒜長生寶典	木下繁太郎著	160元
㉖居家自我健康檢查	石川恭三著	160元
㉗永恒的健康人生	李秀鈴譯	200元
㉘大豆卵磷脂長生寶典	劉雪卿譯	150元
㉙芳香療法	梁艾琳譯	160元
㉚醋長生寶典	柯素娥譯	180元
㉛從星座透視健康	席拉・吉蒂斯著	180元
㉜愉悅自在保健學	野本二士夫著	160元
㉝裸睡健康法	丸山淳士等著	160元
㉞糖尿病預防與治療	藤田順豐著	180元
㉟維他命長生寶典	菅原明子著	180元
㊱維他命C新效果	鐘文訓編	150元
㊲手、腳病理按摩	堤芳郎著	160元
㊳AIDS瞭解與預防	彼得塔歇爾著	180元
㊴甲殼質殼聚糖健康法	沈永嘉譯	160元
㊵神經痛預防與治療	木下眞男著	160元
㊶室內身體鍛鍊法	陳炳崑編著	160元

㊷吃出健康藥膳	劉大器編著	180元
㊸自我指壓術	蘇燕謀編著	160元
㊹紅蘿蔔汁斷食療法	李玉瓊編著	150元
㊺洗心術健康秘法	竺翠萍編譯	170元
㊻枇杷葉健康療法	柯素娥編譯	180元
㊼抗衰血癒	楊啟宏著	180元

•實用女性學講座•電腦編號 19

①解讀女性內心世界	島田一男著	150元
②塑造成熟的女性	島田一男著	150元
③女性整體裝扮學	黃靜香編著	180元
④女性應對禮儀	黃靜香編著	180元

•校 園 系 列•電腦編號 20

①讀書集中術	多湖輝著	150元
②應考的訣竅	多湖輝著	150元
③輕鬆讀書贏得聯考	多湖輝著	150元
④讀書記憶秘訣	多湖輝著	150元
⑤視力恢復！超速讀術	江錦雲譯	180元

•實用心理學講座•電腦編號 21

①拆穿欺騙伎倆	多湖輝著	140元
②創造好構想	多湖輝著	140元
③面對面心理術	多湖輝著	160元
④偽裝心理術	多湖輝著	140元
⑤透視人性弱點	多湖輝著	140元
⑥自我表現術	多湖輝著	150元
⑦不可思議的人性心理	多湖輝著	150元
⑧催眠術入門	多湖輝著	150元
⑨責罵部屬的藝術	多湖輝著	150元
⑩精神力	多湖輝著	150元
⑪厚黑說服術	多湖輝著	150元
⑫集中力	多湖輝著	150元
⑬構想力	多湖輝著	150元
⑭深層心理術	多湖輝著	160元
⑮深層語言術	多湖輝著	160元
⑯深層說服術	多湖輝著	180元
⑰掌握潛在心理	多湖輝著	160元

⑱洞悉心理陷阱	多湖輝著	180元

・超現實心理講座・電腦編號 22

①超意識覺醒法	詹蔚芬編譯	130元
②護摩秘法與人生	劉名揚編譯	130元
③秘法！超級仙術入門	陸　明譯	150元
④給地球人的訊息	柯素娥編著	150元
⑤密教的神通力	劉名揚編著	130元
⑥神秘奇妙的世界	平川陽一著	180元
⑦地球文明的超革命	吳秋嬌譯	200元
⑧力量石的秘密	吳秋嬌譯	180元
⑨超能力的靈異世界	馬小莉譯	200元

・養 生 保 健・電腦編號 23

①醫療養生氣功	黃孝寬著	250元
②中國氣功圖譜	余功保著	230元
③少林醫療氣功精粹	井玉蘭著	250元
④龍形實用氣功	吳大才等著	220元
⑤魚戲增視強身氣功	宮　嬰著	220元
⑥嚴新氣功	前新培金著	250元
⑦道家玄牝氣功	張　章著	200元
⑧仙家秘傳袪病功	李遠國著	160元
⑨少林十大健身功	秦慶豐著	180元
⑩中國自控氣功	張明武著	250元
⑪醫療防癌氣功	黃孝寬著	250元
⑫醫療強身氣功	黃孝寬著	250元
⑬醫療點穴氣功	黃孝寬著	220元
⑭中國八卦如意功	趙維漢著	180元
⑮正宗馬禮堂養氣功	馬禮堂著	420元

・社會人智囊・電腦編號 24

①糾紛談判術	淸水增三著	160元
②創造關鍵術	淺野八郎著	150元
③觀人術	淺野八郎著	180元
④應急詭辯術	廖英迪編著	160元
⑤天才家學習術	木原武一著	160元
⑥猫型狗式鑑人術	淺野八郎著	180元
⑦逆轉運掌握術	淺野八郎著	180元

⑧人際圓融術	澀谷昌三著	160元
⑨解讀人心術	淺野八郎著	180元
⑩與上司水乳交融術	秋元隆司著	180元

・精選系列・電腦編號 25

①毛澤東與鄧小平	渡邊利夫等著	280元
②中國大崩裂	江戶介雄著	180元
③台灣・亞洲奇蹟	上村幸治著	220元
④7-ELEVEN高盈收策略	國友隆一著	180元
⑤台灣獨立	森　詠著	200元
⑥迷失中國的末路	江戶雄介著	220元
⑦2000年5月全世界毀滅	紫藤甲子男著	180元

・運動遊戲・電腦編號 26

①雙人運動	李玉瓊譯	160元
②愉快的跳繩運動	廖玉山譯	180元
③運動會項目精選	王佑京譯	150元
④肋木運動	廖玉山譯	150元
⑤測力運動	王佑宗譯	150元

・銀髮族智慧學・電腦編號 28

①銀髮六十樂逍遙	多湖輝著	170元
②人生六十反年輕	多湖輝著	170元

・心靈雅集・電腦編號 00

①禪言佛語看人生	松濤弘道著	180元
②禪密教的奧秘	葉逯謙譯	120元
③觀音大法力	田口日勝著	120元
④觀音法力的大功德	田口日勝著	120元
⑤達摩禪106智慧	劉華亭編譯	150元
⑥有趣的佛教研究	葉逯謙編譯	120元
⑦夢的開運法	蕭京凌譯	130元
⑧禪學智慧	柯素娥編譯	130元
⑨女性佛教入門	許俐萍譯	110元
⑩佛像小百科	心靈雅集編譯組	130元
⑪佛教小百科趣談	心靈雅集編譯組	120元
⑫佛教小百科漫談	心靈雅集編譯組	150元

⑬佛教知識小百科	心靈雅集編譯組	150元
⑭佛學名言智慧	松濤弘道著	220元
⑮釋迦名言智慧	松濤弘道著	220元
⑯活人禪	平田精耕著	120元
⑰坐禪入門	柯素娥編譯	120元
⑱現代禪悟	柯素娥編譯	130元
⑲道元禪師語錄	心靈雅集編譯組	130元
⑳佛學經典指南	心靈雅集編譯組	130元
㉑何謂「生」　阿含經	心靈雅集編譯組	150元
㉒一切皆空　般若心經	心靈雅集編譯組	150元
㉓超越迷惘　法句經	心靈雅集編譯組	130元
㉔開拓宇宙觀　華嚴經	心靈雅集編譯組	130元
㉕真實之道　法華經	心靈雅集編譯組	130元
㉖自由自在　涅槃經	心靈雅集編譯組	130元
㉗沈默的教示　維摩經	心靈雅集編譯組	150元
㉘開通心眼　佛語佛戒	心靈雅集編譯組	130元
㉙揭秘寶庫　密教經典	心靈雅集編譯組	130元
㉚坐禪與養生	廖松濤譯	110元
㉛釋尊十戒	柯素娥編譯	120元
㉜佛法與神通	劉欣如編著	120元
㉝悟（正法眼藏的世界）	柯素娥編譯	120元
㉞只管打坐	劉欣如編著	120元
㉟喬答摩・佛陀傳	劉欣如編著	120元
㊱唐玄奘留學記	劉欣如編著	120元
㊲佛教的人生觀	劉欣如編譯	110元
㊳無門關（上卷）	心靈雅集編譯組	150元
㊴無門關（下卷）	心靈雅集編譯組	150元
㊵業的思想	劉欣如編著	130元
㊶佛法難學嗎	劉欣如著	140元
㊷佛法實用嗎	劉欣如著	140元
㊸佛法殊勝嗎	劉欣如著	140元
㊹因果報應法則	李常傳編	140元
㊺佛教醫學的奧秘	劉欣如編著	150元
㊻紅塵絕唱	海　若著	130元
㊼佛教生活風情	洪丕謨、姜玉珍著	220元
㊽行住坐臥有佛法	劉欣如著	160元
㊾起心動念是佛法	劉欣如著	160元
㊿四字禪語	曹洞宗青年會	200元
51妙法蓮華經	劉欣如編著	160元

㊿根本佛教與大乘佛教	葉作森編	元

•經 營 管 理•電腦編號 01

◎創新經營管理六十六大計（精）	蔡弘文編	780元
①如何獲取生意情報	蘇燕謀譯	110元
②經濟常識問答	蘇燕謀譯	130元
③股票致富68秘訣	簡文祥譯	200元
④台灣商戰風雲錄	陳中雄著	120元
⑤推銷大王秘錄	原一平著	180元
⑥新創意•賺大錢	王家成譯	90元
⑦工廠管理新手法	琪　輝著	120元
⑧奇蹟推銷術	蘇燕謀譯	100元
⑨經營參謀	柯順隆譯	120元
⑩美國實業24小時	柯順隆譯	80元
⑪撼動人心的推銷法	原一平著	150元
⑫高竿經營法	蔡弘文編	120元
⑬如何掌握顧客	柯順隆譯	150元
⑭一等一賺錢策略	蔡弘文編	120元
⑯成功經營妙方	鐘文訓著	120元
⑰一流的管理	蔡弘文編	150元
⑱外國人看中韓經濟	劉華亭譯	150元
⑲企業不良幹部群相	琪輝編著	120元
⑳突破商場人際學	林振輝編著	90元
㉑無中生有術	琪輝編著	140元
㉒如何使女人打開錢包	林振輝編著	100元
㉓操縱上司術	邑井操著	90元
㉔小公司經營策略	王嘉誠著	160元
㉕成功的會議技巧	鐘文訓編譯	100元
㉖新時代老闆學	黃柏松編著	100元
㉗如何創造商場智囊團	林振輝編譯	150元
㉘十分鐘推銷術	林振輝編譯	180元
㉙五分鐘育才	黃柏松編譯	100元
㉚成功商場戰術	陸明編譯	100元
㉛商場談話技巧	劉華亭編譯	120元
㉜企業帝王學	鐘文訓譯	90元
㉝自我經濟學	廖松濤編譯	100元
㉞一流的經營	陶田生編著	120元
㉟女性職員管理術	王昭國編譯	120元
㊱ＩＢＭ的人事管理	鐘文訓編譯	150元
㊲現代電腦常識	王昭國編譯	150元

㊳電腦管理的危機	鐘文訓編譯	120元
㊴如何發揮廣告效果	王昭國編譯	150元
㊵最新管理技巧	王昭國編譯	150元
㊶一流推銷術	廖松濤編譯	150元
㊷包裝與促銷技巧	王昭國編譯	130元
㊸企業王國指揮塔	松下幸之助著	120元
㊹企業精銳兵團	松下幸之助著	120元
㊺企業人事管理	松下幸之助著	100元
㊻華僑經商致富術	廖松濤編譯	130元
㊼豐田式銷售技巧	廖松濤編譯	180元
㊽如何掌握銷售技巧	王昭國編著	130元
㊿洞燭機先的經營	鐘文訓編譯	150元
52新世紀的服務業	鐘文訓編譯	100元
53成功的領導者	廖松濤編譯	120元
54女推銷員成功術	李玉瓊編譯	130元
55ＩＢＭ人才培育術	鐘文訓編譯	100元
56企業人自我突破法	黃琪輝編著	150元
58財富開發術	蔡弘文編著	130元
59成功的店舖設計	鐘文訓編著	150元
61企管回春法	蔡弘文編著	130元
62小企業經營指南	鐘文訓編譯	100元
63商場致勝名言	鐘文訓編譯	150元
64迎接商業新時代	廖松濤編譯	100元
66新手股票投資入門	何朝乾　編	180元
67上揚股與下跌股	何朝乾編譯	180元
68股票速成學	何朝乾編譯	180元
69理財與股票投資策略	黃俊豪編著	180元
70黃金投資策略	黃俊豪編著	180元
71厚黑管理學	廖松濤編譯	180元
72股市致勝格言	呂梅莎編譯	180元
73透視西武集團	林谷燁編譯	150元
76巡迴行銷術	陳蒼杰譯	150元
77推銷的魔術	王嘉誠譯	120元
7860秒指導部屬	周蓮芬編譯	150元
79精銳女推銷員特訓	李玉瓊編譯	130元
80企劃、提案、報告圖表的技巧	鄭　汶　譯	180元
81海外不動產投資	許達守編譯	150元
82八百件的世界策略	李玉瓊譯	150元
83服務業品質管理	吳宜芬譯	180元
84零庫存銷售	黃東謙編譯	150元
85三分鐘推銷管理	劉名揚編譯	150元

國家圖書館出版品預行編目資料

拆穿語言圈套／多湖輝著；劉華亭譯
——初版——臺北市，大展，民85
面：　公分——（實用心理學講座；20）
譯自：言葉のトリック
ISBN 957-557-609-8（平裝）

1.應用心理學

177　　85005323

原書名：言葉のトリック
原著作者：多湖輝 ©Akira Tago 1986
原出版者：株式會社ごま書房
版權仲介：宏儒企業有限公司

ISBN 957-557-609-8

拆穿語言圈套

原著者／多湖輝
編譯者／劉華亭
發行人／蔡森明
出版者／大展出版社有限公司
社址／台北市北投區（石牌）致遠一路二段12巷1號
電話／(02) 8236031・8236033
傳真／(02) 8272069
郵政劃撥／0166955－1
登記證／局版臺業字第2171號
承印者／國順圖書印刷公司
裝訂／嶸興裝訂有限公司
排版者／千賓電腦打字有限公司
電話／（02）8836052
初版／1996年（民85年）7月
定價／180元

大展好書 好書大展